기
도
교
실

기도교실

정기정 지음

"저도 이제 기도하고 싶어졌습니다"

좋은땅

"이렇게 기도하면 되는데, 기도하게 해 달라고 기도하고 있었습니다."

"제 기도가 달라지고 기도의 능력을 체험케 하셨습니다. 감사합니다!"

"용서의 기도편에서 밤새도록 눈물을 주셨고 덮어 감춰 놓았던 마음을 만져 주셨습니다"

"아버지여 그들을 용서하게 하소서, 용서함으로 자유케 되게 하소서, 그들을 축복합니다."

"축복하는 기도편에서 저희 가정이 회복되었습니다. 지금은 학원에서도 아이들을 축복하고 있습니다."

"기도 시리즈 영상으로 시작해서 지금은 매일 새벽 기도를 드리고 있습니다."

"나도 예수님처럼 기도할 수 있다는 말씀이 감동입니다."

"저도 이제 기도하고 싶어집니다."

"기도에 관해 막연하게 떠돌던 생각들이 제자리를 잡아 갑니다."

"중언부언 시간을 떼우던 기도에서 뚜렷한 기도줄기를 잡아 갑니다."

"성막의 기도편은 제 기도의 삶을 뒤바꿔 놓았습니다."

"용서하는 기도편에서 많은 회개를 했습니다. 자녀를 대하는 제 모습이 떠올랐습니다."

"승려였던 제게 장애를 통한 구원이 병고침보다 더욱 값진 은혜임을 깨달았습니다."

"중보기도의 힘이 이렇게 강하고 힘이 되는지 미처 몰랐습니다."

"깊은 기도로 나아갑니다. 기도시리즈가 날마다 힘이 됩니다!"

"어렸을 때 기도에 대한 생각은 두려움이었는데 기도가 축복이고 가슴 벅찬 소망입니다."

- 청취자 리뷰 중에서

서문

"과연 성경적인 기도는 무엇일까?"
"과연 내 기도는 하나님께서 기뻐하실까?"
"예수님은 어떻게 기도하셨을까?"
"어떻게 하면 기도의 기쁨을 느낄 수 있을까?"

열심히 기도하면서도 이렇게 자문할 때가 많습니다. 저 역시 같은 목마름이 있었습니다. 뭔가 알 것 같으면서도 딱 잡히지 않는 그런 답답함 말입니다.

그런 와중에 코비드 팬데믹 사태가 세상을 덮치고 온라인 예배가 시작되었습니다. 아무것도 할 수 없는 상황 속에서 밀렸던 숙제를 하는 마음으로 성경 전체를 읽어가며 기도의 장면들만을 연구했습니다. 그러면서 유튜브 채널을 통해 성도들과 깨달음을 나누기 시작했습니다.

놀랍게도 그 영상들이 세상에 전파되어 1년 만에 1만 명의 구독

자를 돕게 되었습니다. 그것이 이 책이 세상에 나오게 된 계기가 되었습니다.

이번 출판 과정을 통해 한 권의 책이 세상에 나오는 일이 이렇게 힘든 일인지도 알게 되었습니다. 교정 중에도 '이 책이 과연 성도들에게 도움이 되려나?' 하는 부끄러운 생각에 몇 번이나 포기하려고도 했습니다. 오직 하나님께서 필요하신 대로 사용하시리라는 믿음 하나로 원고를 마무리하게 되었습니다. 저와 같은 기도의 목마름을 가지신 성도님들이 조금이나마 시원함을 얻으시길 바라는 심정으로 부족한 글을 마무리합니다.

이 책을 낼 수 있도록 아낌없이 격려해 주신 강준민 목사님과 오아시스 멘토링 그룹의 목사님들께 감사드립니다. 출판의 첫 걸음을 디디게 해 주신 사랑하는 권사님과 동역자분들, 언제나 저를 믿어주시고 사랑해 주시는 샘물교회 성도 여러분께 감사드립니다.

저에게 항상 보물같은 아내, 따뜻한 격려의 눈길을 보내 주는 다섯 명의 자녀들에게 감사합니다.
그리고 제 평생에 믿음과 기도의 본이 되어 주신 양가 부모님께 사랑과 존경, 감사를 드립니다.

이 책을 이용하는 방법

1. 순서대로 읽으셔도 좋고 자신에게 큰 필요가 느껴지는 장을 먼저 읽으셔도 좋습니다.
2. 각 장의 QR CODE를 이용하시면 해당 영상을 시청하실 수 있습니다.
3. 책 마지막의 '그룹토의를 위한 질문들'을 사용하시면 소그룹으로 기도모임을 인도하실 때 도움이 됩니다.
4. 소그룹 기도운동을 시작하신다면 한 주에 한 장을 정하여 읽고 토론한 후에 기도를 실천해 보시길 추천합니다.

차례

1만 온라인 청취자들의 리뷰 ……………………………… 5

서문 ……………………………………………………………… 8

이 책을 이용하는 방법 ………………………………………… 10

1. 이것만 알면 기도가 쉽다 …………………………………… 12

2. 주기도문으로 기도 시작하기 ……………………………… 23

3. 중요한 것을 먼저 기도하세요 ……………………………… 41

4. 어떻게 기도해야 할까요? 기도의 How ………………… 51

5. 초대교회 선배님들은 어떻게 기도했을까? ……………… 66

6. 누군가를 축복하는 기도 …………………………………… 80

7. 하나님이 감동하시는 기도 ………………………………… 97

8. 성령님을 구하는 기도 ……………………………………… 112

9. 용서하는 기도의 능력 ……………………………………… 126

10. 찬양과 감사하는 기도의 능력 …………………………… 139

11. 위기를 대비하는 기도 ……………………………………… 155

12. 만남을 위한 기도의 중요성 ……………………………… 166

13. 집중과 기다림의 기도원리 ………………………………… 181

14. 서원을 기억하는 기도 ……………………………………… 196

15. 구체적인 계획을 세우는 기도 …………………………… 214

기도교실 2 (내용 예고) ……………………………………… 227

소그룹 인도를 위한 질문들 ………………………………… 228

이것만 알면 기도가 쉽다

"Let's talk to God."
"우리 이제 하나님께 이야기를 시작해 보자."

제게 기도의 전환점이 된 사건 하나가 있습니다. 제가 미국 교회에 있을 때 어와나(Awana)에 자녀들을 보냈습니다. 30년 이상 경력이 있는 선생님들이 아이들을 가르치고 있었습니다. 그때 기도에 대해 '아, 바로 이거지!' 하고 감동한 일이 있습니다. 어와나 선생님은 아이들을 쭉 앉혀 놓고 기도를 인도하고 있었습니다. 그때 선생님이 이렇게 말했습니다.

"Let's talk to God."
"우리 이제 하나님께 이야기를 시작해 보자."

"God talks to you through the Bible, We talk to God through praying."

"성경 말씀은 하나님이 우리에게 말씀하는 것이고, 기도는 우리가 하나님께 이야기하러 가는 거야."

이렇게 어와나 선생님들이 아이들에게 아주 자연스럽게 기도에 대해 가르쳐 주시는 것에 대해 큰 감동을 받았습니다. 그리고 이런 생각이 들었습니다.

'그렇지. 기도는 어려운 게 아니야. 기도는 아주 설레고 흥분되는 일이야. 왜냐하면 아버지께로 가는 것이니까!'

오늘 제가 드리고 싶은 말씀은 이것입니다. 하나님 아버지를 어떤 분으로 아느냐에 따라 우리 기도는 달라진다는 것입니다. 우리 기도를 들으시는 하나님은 과연 어떤 분이실까요?

마태복음 7장 7절
구하라 그리하면 너희에게 주실 것이요 찾으라 그리하면 찾아낼 것이요 문을 두드리라 그리하면 너희에게 열릴 것이니 구하는 이마다 받을 것이요 찾는 이는 찾아낼 것이요 두드리는 이에게는 열릴 것이니라 너희 중에 누가 아들이 떡을 달라 하는데 돌을 주며 생선을 달라 하는데 뱀을 줄 사람이 있겠느냐 너희가 악한 자라도 좋은 것으로 자식에게 줄 줄 알거든 하물며 하늘에 계신 너희 아버지께서 구하는 자에게 좋은 것으로 주시지 않겠느냐 그러므로 무엇이든지 남에게 대접을 받고자 하는 대로 너희도 남을 대접하라 이것이 율법이요 선지자니라

우리가 하나님을 여기는 만큼, 하나님께도 여기심을 받게 됩니다. 그래서 우리가 기도할 때 하나님이 어떠한 분인지 알고 들어가는 것은 매우 중요합니다. 우리가 하나님을 어렵고 힘든 분으로 생각하고 여기면 그에 해당하는 결과를 갖게 될 것입니다. 하나님이 언제나 근엄하시고, 우리의 잘못을 불꽃같은 눈으로 바라보시고, 죄를 들춰내시는 재판관 같은 분으로 생각하고 있다면 기도가 힘들 수밖에 없습니다. 그래서 예수님은 우리의 기도를 들으시는 하나님이 어떠한 분이신지에 우리에게 알려 주고 계십니다.

기도가 왜 힘들까요? 많은 분들이 기도할 때 갑자기 목소리가 바뀌고 어려운 단어를 씁니다. 사람이 달라집니다. 이것이 우리를 힘들게 만듭니다. 예수님께서는 하나님을 '아빠, 아버지'라고 부르

라고 가르쳐 주셨습니다. 이것은 유대인들에게는 상상도 할 수 없는 일이었습니다.

하나님 아버지는 어떤 아버지이실까요? 이 세상 육신의 아버지도 자식에게 좋은 것을 주는데, 하나님 아버지 또한 구하는 자에게 더 후하게 좋은 것을 주시는 분이십니다. 우리가 혹시 잘못 구한다 할지라도 더 좋은 것을 주시는 분이십니다. 우리의 기도는 때로 유치하기도 합니다. 하나님의 뜻에 맞지 않을 때도 있습니다. 그럼에도 불구하고 우리는 아버지께 나갈 수 있습니다. 예수님의 중보로 말미암아 하나님 앞에 우리 기도가 바로잡히기 때문입니다.

가장 중요한 기도의 본질은 좋으신 하나님 아버지께 나아간다는 것입니다. 그리고 좋으신 아버지께 받는다는 것입니다. 우리는 좋으신 아버지께 말하고, 좋으신 아버지께 받습니다. 우리의 인간관계도 어떻게 시작되나요? 구하고 받는 것으로부터 모든 인간관계가 시작됩니다. 갓난아기가 태어나서 부모에게 해 줄 수 있는 것은 아무것도 없습니다. 아기가 할 수 있는 것은 오직 표현하는 것뿐입니다. 배고픈 것을, 불편한 것을, 졸린 것을 표현합니다. 이렇게 우리의 인간관계는 부모에게 표현하고 받는 것으로부터 시작합니다. 이와 같이 하나님과의 관계에서도 우리가 하나님께 구하고 받는 것으로 기도가 시작되는 것입니다. 이것을 기복신앙이라고 할

수 있을까요? 여러분은 갓난아기가 세상에 나와서

"아버지, 제가 아버지의 뜻을 좀 이뤄 드리고 싶습니다. 저를 이렇게 돌봐 주시고, 기저귀 갈아 주시고, 젖을 주시는 게 부담이 됩니다. 제가 어머니, 아버지의 마음을 시원하게 해 드리겠습니다."
이렇게 말하는 것을 본 적이 있나요? 이것은 있을 수 없는 일입니다.

기도는 갓난아기가 부모님과 처음 관계를 맺는 것과 같습니다. 그러므로 잘못된 기도를 하게 될까 봐 두려워할 것이 아니라 좋으신 아버지께 기대감을 가지고 나아가야 합니다. 그러면서 기도가 점점 자라나고, 하나님과의 관계가 형성되며 기도가 성숙되어 가는 것입니다. 하나님의 말씀은 아주 단순합니다.

"구하라 그리하면 너희에게 주실 것이요 찾으라 그리하면 찾아낼 것이요 문을 두드리라 그리하면 너희에게 열릴 것이니 구하는 이마다 받을 것이요 찾는 이는 찾아낼 것이요 두드리는 이에게는 열릴 것이니라"

아버지는 자녀가 떡을 달라고 하는데 돌을 주시지 않고, 생선을 달라고 하는데 뱀을 주시지 않습니다. 우리가 구하는 것 이상으로 우리에게 좋은 것을 주시는 분이십니다. 이것을 믿는 것이 기도의 기본입니다. 그러므로 기도는 정말이지 수지맞는 일이고 기쁜 일입니다. 차에서 기도를 하건, 잠자리에서 기도를 하건, 어떤 때에 어디에서 기도를 하건 기도는 수지맞는 일입니다.

어릴 적 기억입니다. 친가 식구들이 저희 집에서 모여 명절을 지내고 나면, 그다음에는 온 가족이 함께 외가댁에 방문을 하였습니다. 제 어머니는 시댁에서 가장 윗사람으로 작은 어머니들과 명절을 지내셔야 했습니다. 그렇게 명절을 보낸 다음 친정으로 향하는 어머니의 발걸음은 늘 가벼워 보였습니다. 친정에 가면 외할아버지, 외할머니가 어머니를 반갑게 맞아 주시고, 또 1년 농사 중 자녀들에게 주려고 챙겨 놓으신 것들을 바리바리 싸 놓으신 것을 볼 수 있었습니다. 우리 여성분들이 시댁에서 명절을 지내고 나면 머리털이 빠진다는 이야기를 들었습니다. 얼마나 힘듭니까? 어린 제가 보기에도 어머니가 친정집에 가면 너무나 편안해하신다는 것을 알 수 있었습니다. 친정어머니 앞에서 대청마루에 편히 누워 쉬다가 친정부모님이 싸 주신 선물들을 들고 돌아가면 되는 것입니다.

이것이 바로 우리 하나님 아버지의 마음입니다. 이 관계는 구하는 것에서 시작됩니다. 여러분이 표현하는 순간 새로운 세계가 열립니다. 우리가 하나님 아버지께 "아빠, 아버지" 하고 기도의 말문을 여는 순간 세상은 변하기 시작하는 것입니다.

하나님은 좋으신 아버지이십니다. 그분은 우리가 기도한 것 이상으로 좋은 것을 주십니다. 그래서 여러분에게 부탁드리는 것은 여러분의 기도의 스케일을 키워 보시기를 바랍니다. 여러분이 할 수 있는 일이 아니라 그 이상으로 구하시기를 바랍니다. 여러분이 할 수 있는 것은 그냥 하시면 됩니다. 밥을 먹는 일, 운동을 하거나 학교를 가는 일은 그냥 하시면 됩니다. 그러나 여러분이 할 수 없는 조금 더 큰 일을 구해 보시기를 바랍니다.

제가 어릴 적 살았던 동네는 버스가 하루에 네다섯 번밖에 들어오지 않고 전기도 제가 5학년이 되어서야 들어온 시골이었습니다. 전화기도 교환이 나오는 전화 한 대만 이장님 집에 있는, 사방이 산으로 막힌 깡촌 중에 깡촌이었습니다. 그런데 저희 부모님은 그런 곳에서 아들 둘을 키우시면서 저희를 위해 항상 기도해 주셨던 것이 있습니다. 부흥회 때마다 봉투에 써서 기도하셨던 것이 기억납니다. 그것은 우리 두 아들들이 하나님의 종이 되게 해 달라는 것이었습니다. 그런데 그냥 종이 아니라 세계적인 종이 되게 해 달라고 늘 기도를 하셨습니다. 그때의 그 환경에서는 기대할 수가 없는 일이었습니다. 그런데 돌아보니 제가 태평양을 건너 미국에 와 있고, 이렇게 미국 곳곳, 또 전 세계 곳곳에 계신 성도님들과 온라인을 통해 하나님의 말씀을 나눌 수 있게 되었습니다.

제 장모님은 저희 아내가 고등학교 다닐 때에 늘 차로 데려다주시고, 데리러 가셨다고 합니다. 그리고 그때마다 기도를 하셨습니다. "주님, 저 딸이 이 학교 출신 중에서 가장 하나님께 크게 쓰임 받는 딸이 되게 해 주세요."

시편 2장 8절
내게 구하라 내가 이방 나라를 네 유업으로 주리니 네 소유가 땅 끝까지 이르리로다

하나님은 우리에게 크게 구하라고 하십니다. 왜냐하면 기도를 들으시는 우리 하나님이 크신 분이시기 때문입니다. 아널드 파머(Arnold Palmer)가 사우디 왕자에게 골프 레슨을 해 주고 이런 제의를 받았다고 합니다. "원하는 것이 있으면 뭐든지 말해라. 내가 주겠다." 그래서 그는 겸손하게 골프클럽 하나만 선물로 달라고 했습니다. 좋은 골프채 세트 하나 달라고 말한 것입니다. 그런데 그

가 미국 집으로 돌아왔을 때 증서 하나가 날라왔습니다. 아널드 파머가 골프 클럽의 소유주가 되었다는 증서였습니다. 사우디 왕자는 골프채가 아니라 골프 코스를 선물로 준 것입니다. 여러분, 우리가 세상의 재벌을 만날 때에도 이렇게 큰 것을 기대할 수가 있습니다. 그런데 우리 하나님은 우주 만물의 주인이십니다. 그리고 여러분을 위해 좋은 것을 예비하고 계신 분입니다. 그러므로 그러한 하나님께 우리가 할 수 있는 것보다 더욱 큰 것을 구할 수 있습니다.

한 목사님이 교회에 부임했을 때 청년 20여 명이 모였다고 합니다. 그런데 그 목사님은 그들을 모아 놓고 우리 교회가 청년 5천 명이 모이는 교회가 되도록 기도하자고 말했습니다. 그때 그 자리에 있던 한 청년이 배를 잡고 웃어서 목사님에게 그것이 상처가 되었다고 합니다. 그런데 10년, 15년 지났을 때 청년들이 5천 명, 만 명이 모이는 청년교회가 되었습니다.

CCC 창시자 빌브라이트는 예수님을 만나고 마태복음 28장 19절의 지상명령을 인생의 사명으로 받아들였습니다. 그는 복음이 전 세계에 전파되는 꿈을 꾸었습니다. 그는 복음을 효과적으로 전할 수 있는 4영리를 제작했으며 이는 전 세계 200개 이상의 언어로 번역되어 25억 부 이상이 사용되었다고 합니다. 복음의 꿈에 사로잡

힌 그는 1979년에는 〈예수〉 영화를 제작, 230여 국가의 55억 명 이상의 사람이 복음을 듣는 일에 쓰임받았습니다.

"남에게 대접을 받고자 하는 대로 너희도 남을 대접하라"

이 말씀은 사람에게만 해당되는 것이 아니라 하나님께도 마찬가지입니다. 하나님을 인색하고 어려운 분으로 여기면 우리도 그런 대접을 받게 되는 것입니다. 우리가 하나님을 좋으신 아버지로 여겨 드리는 것이 하나님 아버지를 기쁘시게 하는 일입니다. 우리의 기도가 설사 잘못되었어도 하나님께 나아가면서 성숙되어 가는 것입니다. 그러므로 우리 모두가 아버지께 나아가기를 원합니다. 하나님께 구하기를 원합니다.

때로는 병이 낫는 것을 기도할 수 있습니다. 그러나 병이 낫지 않더라도 더 좋은 것을 주시는 하나님을 믿는 것입니다. 내 방법대로 되지 않더라도 하나님께서 나에게 더 좋은 것을 주심을 믿기 때문에 우리는 감사할 수 있습니다. 물론 이 단계까지 가려면 시간이 걸릴 것입니다. 그러나 지금 여러분이 처한 상황에서 하나님께 표현하시기를 바랍니다. 하나님께서는 정말 좋으신 우리 아버지이십니다.

우리가 "아빠, 아버지" 하고 기도의 말문을 여는 순간 세상은 변하기 시작합니다.

주기도문으로 기도 시작하기

우리는 메시처럼 축구를 할 수 없고,

코비처럼 농구를 할 수는 없지만

예수님처럼 기도할 수 있습니다.

 주기도문은 단순히 어떤 식순을 시작하거나 마칠 때 외우는 주문이 아닙니다. 예수님께서 가르쳐 주신 기도입니다. 삼위일체 하나님이 되시는 예수님께서 직접 기도를 가르쳐 주셨으니 이것은 정말 최고의 기도가 아닐까요? 우리가 유명한 축구 선수인 메시처럼 축구를 할 수 없고, 농구 선수였던 코비처럼 농구를 할 수는 없지만 우리는 모두 다 예수님처럼 기도를 할 수 있습니다. 왜냐하면 예수님께서 우리에게 기도의 정석을 가르쳐 주셨기 때문입니다. 그런데 기도를 드릴 때 주의사항이 몇 가지 있습니다.

마태복음 6장 5절

또 너희는 기도할 때에 외식하는 자와 같이 하지 말라 그들
은 사람에게 보이려고 회당과 큰 거리 어귀에 서서 기도하기
를 좋아하느니라 내가 진실로 너희에게 이르노니 그들은 자기
상을 이미 받았느니라

절대 누군가에게 보이기 위해서 사람을 의식하며 기도하지 말라
는 것입니다. 많은 사람들이 대표기도를 어려워합니다. 왜냐하면
특별한 언어, 특별한 태도, 무언가 거룩해 보이는 모습으로 해야
한다고 생각하기 때문입니다. **그러나 사람에게 보이려고 하는 기**
도는 이미 하나님께 버림받은 기도입니다.

"내가 진실로 너희에게 이르노니 그들은 자기 상을 이미 받
았느니라"

예수님 당시 바리새인과 서기관들은 일부러 사람들이 많이 모이
는 회당과 거리에 서서 거룩한 모습으로 기도하는 것을 즐겼습니
다. 예수님은 그렇게 기도하지 말라고 경고하셨습니다.

마태복음 6장 6절

너는 기도할 때에 네 골방에 들어가 문을 닫고 은밀한 중에
계신 네 아버지께 기도하라 은밀한 중에 보시는 네 아버지께
서 갚으시리라

예수님께서 골방에 들어가 기도하라고 하셨다고 해서 꼭 골방에
서만 기도하라는 말씀이 아닙니다. 기도는 오직 하나님께만 드려
져야 한다는 것을 알려 주신 것입니다. 많은 사역자들이 쉽게 저지
르는 실수가 있습니다. 기도하면서 또 설교를 하는 것입니다. 그
러나 기도는 누군가를 가르치기 위한 것이 아닙니다. 기도는 사람
을 향하는 것이 아니라 하나님을 향하는 것입니다.

마태복음 6장 7절

또 기도할 때에 이방인과 같이 중언부언하지 말라 그들은 말
을 많이 하여야 들으실 줄 생각하느니라

다른 사람의 대표기도를 듣고 나서 우리는 이런 생각을 할 때가
있습니다. '저분은 저렇게 기도하는데, 나는 이렇게 더 길고 멋지
게 기도해야지. 내가 체면이 있지' 그러나 우리는 기도할 때에 다
른 사람을 의식할 필요가 없습니다. 여러분이 대표기도를 준비하

실 때 충분히 주님과 교제를 하였고, 주님의 말씀을 들으신 확신이 있으시다면 여러분은 그 기도를 가지고 대표기도의 자리에 서실 수 있는 것입니다. 일정한 기도의 시간을 채우기 위해 이 나라부터 시작하여 땅끝까지 다 돌면서 기도할 필요가 없습니다. 중언부언 하며 기도의 길이를 과시할 필요가 없습니다. 주님은 말을 많이 하여야 들으시는 분이 아니기 때문입니다. "주님!" 하는 진솔한 외침 한마디라도 우리 주님은 들으십니다.

> 마태복음 6장 8절
> 그러므로 그들을 본받지 말라 구하기 전에 너희에게 있어야
> 할 것을 하나님 너희 아버지께서 아시느니라

우리 기도에는 전제가 있습니다. 하나님께서 모든 것을 다 아신 다는 것을 믿고 그 하나님께 나아가는 것입니다. 이제 예수님이 가르쳐 주신 기도의 원리로 들어가 봅시다.

[예수님이 가르쳐 주신 기도의 원리]

> 마태복음 6장 9-13절
> 그러므로 너희는 이렇게 기도하라 하늘에 계신 우리 아버지

여 이름이 거룩히 여김을 받으시오며 나라가 임하시오며 뜻이
하늘에서 이루어진 것 같이 땅에서도 이루어지이다 오늘 우리
에게 일용할 양식을 주시옵고 우리가 우리에게 죄 지은 자를
사하여 준 것 같이 우리 죄를 사하여 주시옵고 우리가 우리에
게 죄 지은 자를 사하여 준 것 같이 우리 죄를 사하여 주시옵고
우리를 시험에 들게 하지 마시옵고 다만 악에서 구하시옵소서
(나라와 권세와 영광이 아버지께 영원히 있사옵니다 아멘)

(1) 하늘에 계신 우리 아버지여

기도에는 분명한 대상이 있습니다. 하나님께 나아가는 것입니
다. 그런데 그 하나님은 하늘에 계신 우리 아버지이십니다. 우리
가 아무리 기도를 열심히 한다고 해도 대상이 분명하지 않다면 헛
수고일 뿐입니다. 저는 우편함을 정리할 때 제일 먼저 제 이름으로
오지 않은 편지들을 솎아 냅니다. 그 편지들은 열어 볼 필요가 없
는 것들이기 때문입니다. 기도도 마찬가지입니다. 예수님의 이름
으로 말미암아 하나님께로 올라가는 기도가 아닌 것은 주문이나
자기 암시에 불과합니다. 우리는 하늘에 계신 아버지께 기도를 드
리는 것입니다.

그런데 어떻게 우리가 하나님과 아버지와 자녀 된 관계를 가지

게 되었습니까?

> 요한복음 1장 12절
> 영접하는 자 곧 그 이름을 믿는 자들에게는 하나님의 자녀가
> 되는 권세를 주셨으니

하나님은 예수님을 자신의 구세주로 믿고 거듭난 자에게 그분의 자녀가 되는 권세를 주셨습니다. 그러므로 예수님을 진정으로 믿고 영접하여 거듭난 자만이 하나님께 도달하는 기도를 드릴 수 있는 것입니다. 예수님을 구주로 믿고 거듭나지 않았다면 주기도문을 천 번 외워도 그 기도가 하나님께 도달할 수 없습니다. 왜냐하면 기도를 받으시는 분이 하늘에 계신 우리 **'아버지'**이기 때문입니다.

아버지는 언제나 우리에게 좋은 것을 가장 좋은 때에 주시기 원하십니다. 우리는 이 믿음과 기대를 가지고 하나님께 나아가야 합니다. 이 세상의 부모도 자녀가 무엇을 사 달라고 할 때 문제가 되지 않는다면 더 좋은 것으로 주고 싶어 합니다. 왜냐하면 자녀를 사랑하기 때문입니다. 이처럼 우리도 이 땅에 살면서 필요한 많은 것들을 하나님 아버지께 구하여 받을 수 있습니다. 영주권 문제도 구할 수 있고, 대적이 있어 하나님께 가서 이를 수 있습니다. 저는

정말 많은 문제가 해결되는 것을 경험했습니다. 기도를 통해 귀신이 떠나가기도 하고, 병이 낫기도 하며, 사람들의 마음이 움직이기도 합니다. 그러나 중요한 것은 기대가 없는 사람, 기도하지 않는 사람에게는 놀라운 기적이 일어날 수 없다는 점입니다. 우리는 기도할 때에 그 응답을 받았다는 사실을 알게 되고, 하나님과의 관계가 깊어지게 되며, 믿음이 성장하게 됩니다.

그런데 하나님 아버지는 좋으신 아버지이신 것 이외에 또 다른 중요한 특징을 가지고 계십니다. 바로 '하늘에 계신' 아버지시라는 것입니다. 사도 바울의 기도를 보면 사도 바울이 이와 같은 하나님의 특징을 잘 알고 있다는 것을 알 수 있습니다.

> 에베소서 3장 14-15절
> 이러므로 내가 하늘과 땅에 있는 각 족속에게 이름을 주신
> 아버지 앞에 **무릎을 꿇고 비노니**

우리는 하나님 아버지께 나아갈 때에 하나님의 지존과 엄위를 인정하며 그분을 경외하는 마음을 가지고 나아가야 합니다. 왜냐하면 그는 하늘에 계신, 창조주 되시는 하나님이시기 때문입니다. 사도 바울은 하나님을 아버지라고 부르며 나아갔지만 동시에 그

앞에 우리는 피조물이며 그분은 창조주이심을 믿었기에 그에 합당한 자세로 기도하며 나아갔습니다.

또한 우리는 하나님 아버지를 **'우리 아버지'**라고 부릅니다. 하나님께 기도할 때 나 혼자만의 기도를 드리는 것이 아니라 공동체적으로 기도가 상달되기 위하여 함께 기도해야 합니다.

"**Our Father** in heaven"
그래서 샘물교회 공동체를 통해, 우리 가정을 통해, 이 나라를 통해 하나님의 뜻이 이루어지기를 기도하는 것입니다.
왜냐하면 하나님은 나만의 하나님이 아니라 '우리'의 하나님 아버지이시기 때문입니다.

(2) 이름이 거룩히 여김을 받으시오며

"Hallowed be Your name"

기도는 우리가 원하는 것을 염원하는 것이 아니라 하나님의 뜻이 이루어지기를 간절히 바라는 것입니다. 우리는 우리의 기도를 통해 "예수님의 이름이 거룩히 여김을 받기를 원합니다." 하고 고백하는 것입니다.

(3) 나라가 임하시오며 뜻이 하늘에서 이루어진 것 같이 땅에서도 이루어지이다

여기에 우리가 기도하는 이유가 나옵니다. 우리는 하나님의 뜻이 이 땅에 이루어지게 하기 위해서 기도합니다. 하나님은 기도하는 사람들을 통해서 그분의 뜻을 이루십니다. 저는 새가족 담당 목사님이 이렇게 혼잣말로 하신 말씀에 큰 감동을 받았습니다. 목사님이 연초에 우리 교회에 매주마다 새가족이 한 가정씩 방문하게 해 달라고 기도를 하셨다는 겁니다. 그런데 놀랍게도 한 주마다 새로운 분들이 우리 예배를 방문하신다는 사실은 우연이 아닐 것입니다. 그렇게 기도를 하고 눈물로 뿌린 것입니다. 하나님께서 하실 일들을 저와 여러분이 선포하고, 표현하고, 간구하고, 요청할 때 하나님께서 그것을 이루어 주시니 오직 하나님께 영광이 되는 것입니다. 그리고 이것은 우리의 하나님을 향한 사랑과 감사로 이어지는 것입니다.

"하나님의 뜻은 하나님이 알아서 이루실 텐데요. 아무개에게 하나님이 뜻이 있으시면 구원하실 텐데요." 이런 자세를 가지는 것이 아닙니다.

"주님의 나라가 임하시며 하나님의 뜻이 하늘에서 이루어진 것
같이 우리 가정에도, 이 땅에도, 교회에도 이루어지길 원합니다.
내 뜻보다 더 크고 위대하시고 선하신 주님의 뜻이 이루어지길 원
합니다." 하고 기도하는 것입니다.

구약의 히스기야 왕은 자기 목숨을 살려 달라고 기도했습니다.
하나님의 뜻은 그때 그를 데려가시는 것이었습니다. 그런데 하나
님이 우리가 간구하면 때로 우리에게 져 주십니다. 자녀를 이기는
부모가 없듯이 우리가 간절히 원하면 때로 주십니다. 그런데 히스
기야 왕이 연장받은 15년 동안 그는 적들에게 자기 금고를 열고 성
전 기물을 자랑했습니다. 이것은 적들이 나라를 쳐들어올 빌미를
제공하였습니다. 그리고 그 15년 동안 이스라엘 최악의 왕, 므낫
세 왕이 태어났습니다. 그러니 하나님이 데려가시겠다고 하시면
다 뜻이 있는 것입니다. 그런데도 안 가겠다고 발버둥을 치면 골
치 아픈 일이 발생하는 것입니다. 성경을 보면 히스기야 왕이 하나
님께서 데려가고자 하실 때 가는 편이 나을 뻔했다는 생각이 듭니
다. 정말 주님의 뜻이 이루어지는 편이 훨씬 좋습니다. "주님, 저는
이것을 원하지만 주님의 뜻을 이루어 주옵소서." 지나가 보면 이뤄
지지 않은 기도에 다 뜻이 있습니다. 그런데 기도하지 않는 사람들

에게 삶에 일어나는 일들은 아무런 뜻도 의미도 없는 일이 됩니다. 그러나 기도하면 의미가 생깁니다.

⑷ 오늘 우리에게 일용할 양식을 주시옵고

주님은 우리에게 꼭 필요한 것을 간구하라고 하십니다.

"Give us this day our daily bread"

This day - '오늘'입니다. 10년을 위해 쟁여 놓을 양식이 아니라 하루하루를 위한, 오늘에 꼭 필요한 것들을 달라고 구하라는 것입니다. 주님은 필요한 것들을 반드시 주시는 하나님이십니다. 여러분이 구하시는 것이 하나님 뜻에 부합하고, 또 하나님의 일을 감당하기 위해 꼭 필요한 것이라면 담대함을 가지고 하나님께 구체적으로, 그리고 반복적으로 구할 수 있습니다. 이 말씀을 보면 하나님은 우리가 날마다 날마다 구하도록 만들어 놓으셨습니다. 이 뜻은 뭘까요? 날마다 날마다 기도하게 만드셨다는 것입니다. 그래서 하나님과의 관계 속에서 날마다 은혜가 깊어지게 하셨습니다. 당신의 필요를 또박또박 하나님 앞에 가져가서 말씀드리고 반복적으로 간절하게 기도하라고 하신 것입니다.

성 어거스틴은 이렇게 기도했다고 합니다.

"주님, 제가 너무 부요해서 주님을 잊어버리지 않도록, 너무 가난해서 주님의 이름을 욕되게 하지 않도록 필요한 양식으로 나를 먹이소서."

종교 개혁을 한 루터는 이러한 말을 하였습니다.

"성도들이 일용할 양식을 얻으려면 경제가 활성화되어야 하고, 취업률이 높아져야 하고, 정의로운 사회가 구현되어야 한다."

일용할 양식을 우리에게 달라고 하는 것이 단순히 오늘 우리에게 필요한 것을 넘어서서 사회적으로, 또 국가적으로 확장되는 것입니다. 오늘날 중동 난민 사태를 보면 굉장히 고통스럽습니다. 하루에 한 끼 먹으면 굉장히 잘 먹는 것이고, 아이들은 그냥 식사를 거르는 일이 많다고 합니다. 너무나 비참합니다. 여자들은 엄청난 위기에 처해 있습니다. 동물보다도 못한 환경 가운데 있습니다. 거기에 가뭄까지 들고 최악의 상황이라고 합니다. 그러니 여러분, 일용할 양식을 달라고 기도할 때, 그러한 나라들까지 생각하게 되는 것입니다. 이 기도 가운데 우리는 정말 여러 가지 생각을 하게 됩니다.

⑸ 우리가 우리에게 죄 지은 자를 사하여 준 것같이 우리의 죄를 사하여 주시옵고

예수님은 우리가 우리에게 죄 지은 자를 사하여 줄 것을 명령하고 계십니다. '은혜'를 제대로 이해하지 못한다면 나는 용서하지 않아도 하나님은 용서해야 하는 분으로 잘못 생각하고 여기게 됩니다. 나는 어떻게 하든 상관없고 하나님은 언제나 나에게 응답과 복을 주셔야 하는 분으로 착각하기 쉽습니다. 그러나 주님은 우리에게 분명히 말씀하십니다. 우리의 할 일, 서로가 서로를 용서하는 일을 하지 않는다면 주님도 우리를 용서하실 수 없다는 것입니다.

루터가 이런 말을 하였습니다.
"회개나 고백하는 것이 하찮게 여겨진다면 마음이 하나님 앞에 바로 서 있지 않으며 복음을 확신하지 못하고 있다는 뜻이다."

장 칼뱅은 이렇게 말했습니다.
"마음에 미워하는 감정을 붙들고 앙갚음할 궁리를 하거나 해코지할 기회를 찾고 있다면 우리의 기도는 하나님께 우리의 죄를 용서하지 말아 달라고 간청하는 꼴이 될 뿐이다."

젊었던 장 칼뱅이 이러한 표현을 할 수 있다는 것이 놀랍습니다. 우리가 용서하지는 않고 앙갚음하려고 하고 해하려는 마음을 갖고 있으면서 이렇게 주기도문을 기도한다면 이 말은 마치 "하나님, 저를 용서하지 마세요."라고 기도하는 것과 같다는 것입니다. 그러나 반대로 우리가 이 기도를 매일매일 진실되게 진심으로 할 수 있다면 저와 여러분의 심령은 주님께 한량없는 용서를 매일 체험하게 될 것입니다.

귀신의 속박과 어둠의 권세는 우리 안에서 설 자리를 잃게 될 것입니다. 왜냐하면 용서하지 않는 마음, 쓴 뿌리를 통해서 귀신, 마귀, 사단은 역사하기 때문이에요. 그런데 날마다 날마다 털어 버리고, 용서하고, 오히려 그 대상을 축복하면서 나아간다면 얼마나 우리 심령이 자유롭겠냐는 것입니다.

(6) 우리를 시험에 들게 하지 마시옵고 다만 악에서 구하시옵소서

예수님은 우리에게 "시험을 이기게 하시옵고"라고 기도하게 하지 않으셨습니다.

"Lead us not into temptation"

"시험에 들게 마시고"

시험을 이기도록 기도하는 것이 아니라 처음부터 그 시험의 문 조차 가지도 않도록 기도하게 하셨습니다.

"Deliver us from the evil one"
"다만 악에서 구하소서"

이 말이 무엇일까요? 우리는 우리의 필요를 위한 기도도 해야 하고, 하나님의 뜻이 이 땅에 이루어지기 위한 기도도 해야 합니다. 그러나 여기서 끝이 아니라 우리는 영적 싸움을 싸우는 기도를 해야 합니다. 주님의 기도는 우리가 이 땅을 사는 동안 항상 보이지 않는 적이 있다는 것을 알려 줍니다. 우리의 싸움은 혈과 육에 대한 것이 아니라는 것을 알려 줍니다. 우리의 싸움은 내가 싸우고 있는 시어머니, 며느리, 또 어떤 사람들이 아니라 그 육체의 배후에서 역사하는 악한 영들과의 싸움입니다. 그래서 그것들을 성령님께서 굴복시키지 않는다면 그 사람들을 차지할 수가 없는 것입니다. 예수님의 비유처럼 강한 자가 와서 집을 지키는 자를 무너뜨리지 않으면 그 집을 늑탈할 수가 없습니다. 예수님의 말씀은 정확합니다. 믿지 않는 자들마다 지키고 있는 영적 세력이 있습니다.

이것을 깨뜨리려면 영적인 파쇄의 기도가 들어가야합니다.

"주님, 우리가 이 세상에서 이러한 싸움을 싸우며 살아간다는 것을 알게 하옵소서."

(7) (나라와 권세와 영광이 아버지께 영원히 있사옵니다 아멘)

주기도문 마지막에는 하나님께 영광을 드립니다. 그래서 주기도문은 하나님의 영광으로 시작해서 하나님의 영광으로 끝나게 되는 것입니다. 괄호가 쳐져 있다는 것은 후대에 이것이 성경 원문에 추가되었을 가능성이 있다는 것을 말합니다. 사본마다 다르다는 것이죠.

(8) 5P - 남침례교단의 영향력 있는 설교자 아드리안 로저 목사님은 이렇게 기억하기 쉽게 주님의 기도를 정리했습니다

1) God's person. 기도는 하나님께 personal하게 나아가는 것입니다.
2) His purpose. 기도는 주님의 목적이 이루어지는 것입니다.
3) His provision. 기도는 주님의 공급하심을 위해서 하는 것입

니다.

4) His pardon. 기도는 그분의 용서를 붙들고 하는 것입니다.

5) His protection. 기도는 그분의 보호하심을 위해서 하는 것입니다.

그리고 마지막으로 괄호 안에 내용이지만 His praises. 그분을 향해 영광과 찬양을 돌리는 것입니다.

주기도문에는 기도를 왜 하는지(why), 무엇을 기도해야 하는지(what), 어떻게 기도해야 하는지(how)가 모두 담겨 있습니다. 여러분, 놀랍지 않습니까? 우리는 매일매일 예수님이 가르쳐 주신 이 기도를 골격으로 기도하는 것입니다.

성령을 받은 제자들이 다락방에 모여서 한 기도가 무엇이었을까요? 많은 신학자들은 그것이 주기도문이었을 것이라고 생각하고 있습니다. 주님이 그 기도를 가르쳐 주셨기 때문에, 그 기도의 골격을 가지고 주님의 뜻이 우리에게 임하기를 간절히 기도하였을 것입니다. 그 결과가 무엇일까요? 성령을 부어 주신 것입니다. 주님의 뜻은 이 세대에 성령을 부어 주시는 것입니다. 교회에 성령을 부어 주시는 것입니다. 그 뜻이 이루어진 것입니다.

여러분, 주님의 뜻이 오늘은 무엇일지, 내일은 무엇일지 우리는 알 수 없습니다. 그래서 기도는 너무나 설레고 두근거리는 여정입니다. 기도를 통해서 얼마나 많은 것을 받고 우리의 삶이 달라지는지 모릅니다. 이 기도의 세계에 여러분을 초청합니다. 주님 가르쳐 주신 기도로 기도하며 승리하시기를 바랍니다.

지나가 보면 이뤄지지 않은 기도에도 다 뜻이 있습니다.
그런데 기도하지 않는 사람들에게 삶에 일어나는 일들은
아무런 뜻도 아무런 의미도 없는 일이 됩니다.
그러나 기도하면 모든 일에 의미가 생깁니다.

③

중요한 것을 먼저 기도하세요

사단은 제일 중요한 것을 제일 나중에 기도하도록 만드는 일에
선수입니다

우리 신앙생활에서 기도생활은 가장 중요하다고 말할 수 있습니다. 그러나 우리의 기도생활이 정말 효과적이고 성경적인가를 생각해 보았을 때 그렇지 못할 때가 많습니다. 과연 기도를 오래하는 것, 많이 하는 것이 좋은 기도일까요? 그렇지 않습니다. 좋은 기도란 예수님이 가르쳐 주시는 기도, 성경이 말씀하고 있는 기도일 것입니다.

예수님께서는 우리가 다른 것보다 먼저 기도해야 할 것이 있다고 말씀하셨습니다. 우리 기도생활에서 우선적으로 기도해야 할 것과 나중에 기도해도 되는 것이 있다는 것입니다. 사단은 우리가

하나님께 우선순위인 것을 나중에 기도하도록 만드는 일에 선수입니다. 많은 사람들이 평생 기도를 하는데 하나님께서 원하시는 기도가 아니라 항상 주변을 맴도는 기도를 먼저 하고, 정작 주님께서 원하시는 기도제목을 마지막에 하거나 못하게 되는 경우가 수두룩하다는 것입니다. 오늘 말씀에서 예수님은 우리가 가장 먼저 붙들고 기도해야 할 것이 무엇인지 알려 주십니다.

> 마태복음 9장 35-38절
> 예수께서 모든 도시와 마을에 두루 다니사 그들의 회당에서 가르치시며 천국 복음을 전파하시며 모든 병과 모든 약한 것을 고치시니라
> 무리를 보시고 불쌍히 여기시니 이는 그들이 목자 없는 양과 같이 고생하며 기진함이라
> 이에 제자들에게 이르시되 추수할 것은 많되 일꾼이 적으니
> 그러므로 추수하는 주인에게 청하여 추수할 일꾼들을 보내주소서 하라 하시니라

마태복음 9장에는 여러가지 질병으로 고생하는 사람들이 많이 나옵니다. 대표적으로 혈루병에 걸린 여인이 치유를 받는 이야기가 나옵니다. 혈루병은 현대 의학 용어로 '다낭성 난소 증후군'을

말합니다. 그 당시 이스라엘 사람들은 하혈하는 여인을 부정하다고 여겼기 때문에(레위기 12장) 이 여인은 무려 12년 동안 격리된 채 생활하였습니다. 그 여인을 주님께서 고쳐 주셨습니다.

제가 교회를 개척한 초창기에 혈루병 여인과 같은 문제로 고통받는 집사님 한 분을 만났습니다. 이분의 하루 일과는 그냥 누워 있는 것이었습니다. 정말 무기력할 수밖에 없습니다. 저는 그 집사님이 주일 예배에 나오시니 그러한 고통이 있는지 처음에는 몰랐다가 나중에야 알게 되었습니다. 그것은 굉장히 심각한 질병이었습니다. 계속 피를 흘리니까 힘이 없고, 빈혈이 있으며, 그냥 누워 있을 수밖에 없습니다. 그런데 우리가 함께 기도하는 가운데 그 집사님께서 놀랍게 치유를 받으셔서 하혈이 멈추게 되는 놀라운 역사를 경험하게 되었습니다. 혈루병 여인을 예수님께서 고쳐 주신 것처럼 말입니다.

그런가 하면 마태복음 9장에는 또 죽은 소녀를 예수님께서 일으키시는 이야기가 나옵니다. 그리고 예수님께서 맹인의 눈을 고쳐 주신 장면, 귀신 들려 말을 못 하는 사람을 고쳐 주시는 장면이 나옵니다. 예수님께서는 이렇게 병자들을 고쳐 주시기 위해 능력을 계속 사용하십니다. 예수님은 무리를 보시고, 불쌍히 여기시고, 고쳐 주십니다. 그런데 이 일은 끝이 보이지 않는 것입니다.

예수님을 만나기 전에 우리의 삶이 어땠습니까? 사단이 우리에게 오는 것은 죽이고 멸망시키려는 것이라고 하였습니다. 최선을 다해 열심히 살아도 결국 허망하고, 뺏기고, 병들고, 죽게 되는 삶이 바로 우리의 삶이었습니다. 그런데 예수님이 오셔서 천국 복음을 전파하시고, 가르치시고, 치유하시는 이 세 가지 사역을 펼치시는데 너무 많은 사람들이 마귀의 손 아래에서 고통받는 모습이 보이는 것입니다. 그래서 그 사람들을 불쌍히 여기시는 것입니다.

그런데 여기에서 예수님과 우리의 다른 점이 있습니다. 우리는 그러한 불쌍한 사람들을 봤을 때 당장 뛰어가서 고쳐 주고, 기도해 주고 우리가 직접 도와주고 싶은 마음이 들 것입니다. 그러나 예수님은 이렇게 말씀하셨습니다.

"추수할 것은 많되 일꾼이 적으니 그러므로 추수하는 주인에게 청하여 추수할 일꾼들을 보내 주소서 하라"

예수님께서 마태복음 6장에 "먼저 그의 나라와 그의 의를 구하라" 하신 것처럼 주님의 나라를 위해서 먼저 기도해야 할 것들이 있습니다. 우리는 문제 중심적으로 기도를 하고 싶어 합니다. 그러나 주님은 추수할 일꾼, 동역자들이 세워지게 해 달라고 먼저 구하라고 말씀하고 계십니다.

우리 주변에도 영적 혈루증을 앓는 분들이 많습니다. 교회는 다니지만 하루 종일 누워 있는 것처럼 영적으로 무기력한 분들, 영적으로 죽은 소녀같은 사람들. 구원받지 못한 사람들이 있습니다. 볼 수 있지만 보는 것이 아니고, 입은 있지만 복음을 전할 능력이 없는 크리스천이 너무 많습니다. 또 귀신들린 자들, 영적으로 눌린 자들도 많습니다. 사울 왕처럼 우울하고, 괴롭고, 공포와 미움, 질투에 사로잡혀 있는 사람들이 있습니다. 이렇게 우리 주변에 주님이 불쌍히 여기시는 사람들이 많은데 우리는 무엇을 위해 기도하고 있습니까?

A라는 문제, B라는 문제를 위해서만 기도하다 보면 하나님의 우선순위는 계속 뒤로 밀려나게 됩니다. 그래서 예수님께서는 먼저 주님의 나라를 위한 기도, 그중에서도 추수할 일꾼을 보내 달라는 기도를 하라고 말씀하십니다.

저는 세계 열방으로 나가기 위해 먼저 기도의 일꾼 100명을 보내 달라고 계속 기도하고 있습니다. 문제 위주로 기도하는 것이 아니라 하나님의 나라를 위해, 교회를 위해, 주님의 눈을 가지고 기도할 수 있는 기도의 용사 100명을 구하는 것입니다. 그리고 추수의 일꾼들을 위해 기도합니다.

추수꾼이라는 단어가 신천지로 인하여 좋지 않은 단어로 여겨지고 있습니다. 그들이 교회에 간첩같이 들어가서 교회를 무너뜨리는 사람들을 추수꾼이라고 부르기 때문입니다. 그러나 사실 추수꾼이라는 단어는 성경에서 매우 중요한 단어입니다. 예수님께서 추수할 일꾼들을 보내어 달라고 기도하라고 말씀하셨기 때문입니다.

《좋은 기업을 넘어 위대한 기업으로(Good to Great)》라는 유명한 리더십 책이 있습니다. 그 책에는 미국에 있는 두 은행의 투자에 대한 이야기가 나옵니다. Wells Fargo와 Bank of America에 대한 것입니다. 1983년에 이 두 은행에 투자한 1불이 15년 후 Wells Fargo는 74불의 가치가 되었고, Bank of America는 단지 15불의 가치가 되었다는 것입니다. 한 은행은 15년 만에 70배의 성장을 가져왔지만 다른 은행은 15배에서 그친 것입니다. 그런데 재미있는 사실이 있습니다. 처음 10년 동안에 이 두 은행은 둘 다 비슷하게 성장했다는 것입니다. 그런데 마지막 5년 동안 Wells Fargo가

폭발적으로 성장한 것입니다. 그런데 연구를 해 보니 Wells Fargo 가 이렇게 폭발적으로 성장할 수 있었던 이유가 있었습니다. Wells Fargo는 은행들 중에서도 강한 리더들, 장교들을 키워 내는 일에 투자를 해 온 것입니다. Wells Fargo는 사람에게 투자해서 사람을 키워 냈고, 그 결과는 마지막 5년 동안의 폭발적 성장을 가져왔습니다.

이것은 영적 원리에도 적용된다고 생각합니다. 우리는 그저 많은 기도를 드리고, 많은 문제를 하나하나 없애는 기도를 드리는 일에 치중하기 쉽습니다. 그러나 예수님은 일꾼들을 키우시는 생각을 하십니다. 제자들을 키우시는 생각을 하십니다. 예수님은 이 땅에 오셔서 공생애를 보내는 3년 동안 12명의 제자를 키우는 일에 집중하셨습니다. 그분의 삶과 에너지와 모든 것을 그 일에 쏟으셨습니다. 함께 먹고, 자고, 하루 종일 시간을 함께 보낸다는 것은 굉장히 많은 에너지를 사용해야 하는 일입니다. 예수님은 자신을 5천 명이 따라오고, 2만 명이 따라와도 오직 12명의 제자들에게 집중하셨습니다. 그러자 12명의 제자가 오순절 120문도가 되었고, 그들이 초대교회가 되었습니다. 또 초대교회는 지중해 연안을 뒤집었고, 그 복음이 전 세계를 뒤집는 놀라운 역사가 되었습니다.

저와 여러분이 기도해야 할 제목은 먼저 하나님의 나라와 의, 그리고 영적인 동역자를 보내 달라는 것입니다. 우리 교회에 하나님의 일꾼들을 보내 달라고 기도해야 합니다. 이를 통해 내가 살고 교회가 삽니다. 교회가 살아야 우리가 사는 것입니다. 교회가 죽고 나만 살면 무엇을 하겠습니까? 우리는 하나님께서 보시는 관점으로 보아야 합니다. 왜 우리는 엉뚱한 것들만을 구할까요? 사람의 가치를 모르고, 하나님 나라의 원리를 모르기 때문입니다. 믿음과 사랑이 없고, 모든 초점이 세상에 맞춰져 있기 때문입니다. 우리는 다시 우리 자신을 돌아보고 기도의 삶을 바로 세워야 합니다.

주님의 논리는 먼저 하나님의 나라와 그 의를 구하면 나머지는 주님께서 채워 주신다는 것입니다. 이 우선순위를 놓치고 우리 보기에 당장 필요한 것들, 기도하고 싶은 것들만을 기도한다면 나중에 돌아볼 때 남는 것이 없는 기도생활이 되고 맙니다. 기도생활을 통해 남겨져야 할 것은 바로 사람입니다. 사람을 보내 달라고 기도해야 하는 것입니다.

예수님께서 바라보신 불쌍한 사람들, 무기력하고 영적으로 죽은 것과 같은 사람들, 영적인 맹인과 벙어리, 영적으로 눌린 자들이 우리 주변에 너무나 많습니다. 최첨단의 과학기술과 의료기술이 존재하는 시대에 살아가지만 얼마나 많은 사람들이 우울증과 공포, 미움과 질투, 아픔과 괴로운 상상에 빠져 있는지 모릅니다. 그러니 우리는 기도해야 하지 않겠습니까? 주님의 일을 감당할 수 있는 주의 사람들을 일으켜 달라고 기도해야 합니다. 먼저 그 나라와 의를 위해 기도할 수 있는 저와 여러분이 되기를 소망합니다. 모든 것을 자유케 하시는 주님의 역사가 먼저 저와 여러분에게 나타나고, 여러분께서 모두 이러한 추수의 일꾼, 기도의 일꾼이 되시기를 예수님의 이름으로 축복합니다.

만일 여러분에게 총알이 하나밖에 없다면 사자가 달려들 때 그 총알을 어디에 쏘시겠습니까? 사자의 발에 쏘시겠습니까? 아닙니다. 사자의 머리를 정조준해야 합니다. 그래야만 살 수 있습니다. 여러분 이와 같은 마음으로 기도하십시오. 여러분이 기도할 수 있는 시간이 오늘 하루, 딱 한 번의 기회만 남았다고 생각하고 기도하십시오. 그렇다면 어떤 기도제목으로 기도하시겠습니까? 그 기도제목은 하나님의 나라와 의를 구하는 것이 되어야 합니다. 그것이 가장 중요한 기도이기 때문입니다. 이것이 기도의 우선순위입니다. **긴급한 기도를 드리기 전에 중요한 기도를 먼저 해야합니다.** 그리고 나머지 여러분의 기도 제목을 좋으신 하나님 아버지께 간구해 보시기를 바랍니다. 그리고 기도 노트를 사용해 보시길 권합니다. 하나님과의 관계가 어떻게 발전되는지, 하나님이 여러분을 어떻게 축복하시는지 모두 기록하실 수 있으면 좋겠습니다. 이 풍성한 기도, 놀라운 기도로 오늘 구하는 것마다 더 좋은 것으로 얻으시기를 축복합니다.

하나님께 기도할 수 있는 시간이 오늘 하루, 딱 한 번의 기회만 남았다고 생각하고 기도하기 시작하십시오. 그때 나오는 기도가 가장 중요한 기도입니다. 이것이 기도의 우선순위입니다.

어떻게 기도해야 할까요? 기도의 How

신약에서 예수님이 가르쳐 주신 기도가 주기도문이라면, 구약에서 하나님께서 가르쳐 주신 기도가 바로 성막의 기도라고 할 수 있습니다.

성막을 연구하다 보면 하나님의 마음을 알게 되고 하나님께 나아가는 법을 알게 됩니다. 왜냐하면 **성막 자체가 회막, 즉 하나님을 만나는 곳**이기 때문에 그렇습니다. 하나님께 가까이 나아가는 법을 배울 수 있는 것입니다. 특별히 성막에서도 기도에 대해 가르쳐 주시는 부분이 바로 분향단입니다.

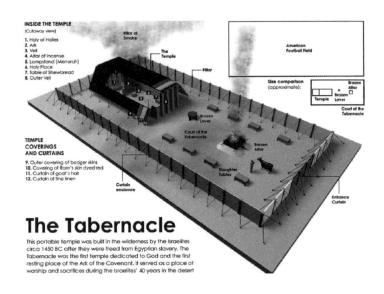

INSIDE THE TEMPLE
(Cutaway view)

1. Holy of Holies
2. Ark
3. Veil
4. Altar of Incense
5. Lampstand (Menorah)
6. Holy Place
7. Table of Shewbread
8. Outer Veil

Pillar of Smoke

The Temple

Pillar

American Football Field

Size comparison (approximate):

Temple
a Brazen Laver
Brazen Altar

Court of the Tabernacle

TEMPLE COVERINGS AND CURTAINS

9. Outer covering of badger skins
10. Covering of Ram's skin dyed red
11. Curtain of goat's hair
12. Curtain of fine linen

Brazen Laver

Court of the Tabernacle

Brazen Altar

Slaughter Tables

Curtain enclosure

Entrance Curtain

The Tabernacle

This portable temple was built in the wilderness by the Israelites circa 1450 BC after they were freed from Egyptian slavery. The Tabernacle was the first temple dedicated to God and the first resting place of the Ark of the Covenant. It served as a place of worship and sacrifices during the Israelites' 40 years in the desert

성막 그림

북쪽 끝에 지성소가 있습니다. 성막의 구조는 지성소까지 사람이 나아가는 과정이죠. 제일 먼저는 희생 제물을 드리게 되어 있습니다. 피를 흘려 그 제물을 번제로 제단에 드려야 합니다. 여러분은 완전한 희생 제물이 누군지 아시죠? 바로 우리 예수님입니다. 예수님으로 말미암지 않고는 하나님께 나아가는 모든 시도가 헛되다는 것을 보여 주는 것입니다. 반드시 피흘림이 있어야 하고,

내 죄를 대신하여 제물을 죽이고 태우는 번제가 선행되어야 합니다. 거듭 말씀드립니다만 예수님을 믿지 않고는 어떤 기도의 노력도 주문이나 자기암시가 되고 맙니다.

　그다음, 물두멍에서 손을 씻습니다. 즉 하나님 앞에 회개가 일어나야 하는 것입니다. 제물이 있다 할지라도 회개라는 과정이 없으면 하나님께 나아갈 수 없다는 것을 우리에게 보여 주고 있는 것입니다. 예수님께서 2천 년 전에 십자가에서 인류의 죄를 다 사하시고 돌아가셨어도 그것을 믿고 회개함이 없다면 구원은 자동으로 이루어지는 것이 아니라는 것입니다.

　회개를 하고 하나님의 성소로 들어갑니다. 성소의 높이는 약 4.5m 정도 된다고 합니다. 이곳이 하나님의 쉐카이나 영광, 임재가 가득한 곳입니다. 들어가면 빛이 들어올 수 있는 구멍이 하나도 없이 3중, 4중의 천막으로 덮여 캄캄합니다. 그런데 이 성막을 비추는 유일한 빛이 새어나오고 있습니다. 그 빛은 바로 들어가자마자 왼편에 있는 일곱 촛대와 금등잔입니다. 이것은 바로 성령의 불을 의미합니다. 이것이 또한 우리의 삶을 비추는 유일한 빛이 되어야 합니다. 또 오른쪽에는 하나님의 말씀을 상징하는 진설병이 있습니다.

지성소 앞으로 갈 때에는 커튼이 가로막고 있습니다. 지성소는 아무나 들어갈 수 없고 오직 대제사장만이 속죄일에 백성의 죄를 사하기 위하여 1년에 한 번 들어갈 수 있었습니다. 아무리 대제사장이라도 거룩하지 않은 채 지성소에 들어가면 즉사하고 말았습니다. 그래서 대제사장이 지성소에 들어가기 전에는 방울과 줄을 달고 들어갔습니다. 방울 소리가 들리지 않으면 죽은 줄로 알고 그 줄을 당겨 시체를 끌어냈다고 합니다. 이는 거룩하신 하나님의 존전에 인간이 다가가는 것이 매우 힘들다는 것을 의미합니다. 함부로 하나님 앞에 진입할 수 없는 것입니다. 그런데 우리는 예수님으로 말미암아 그 하나님 앞에 나아갈 수 있게 된 것입니다. 예수님께서 십자가에서 돌아가실 때 성소와 지성소를 가로막고 있던 두꺼운 휘장이 위로부터 아래로 찢어져 둘이 되었습니다. 그래서 더 이상 하나님의 임재로 가는 길이 막혀 있지 않고 어린양의 피를 힘입어 은혜의 보좌 앞으로 담대히 갈 수 있는 길이 우리에게 열린 것입니다.

여기서 중요한 것은 성소 안을 자욱하게 메운 향이 있습니다. 주님의 임재가 있는 지성소와 마주보고 있는 분향제단이라는 곳입니다. 우리가 하나님께 나아갈 때에 어린양의 피로 나가지만 기도의 분향단을 통해서 나아가는 것입니다. 하나님께서 이 분향에 대해 말씀하실 때 이것이 얼마나 중요한지를 나타내고 계십니다.

출애굽기 30장 34-38절
여호와께서 모세에게 이르시되 너는 소합향과 나감향과 풍
자향의 향품을 가져다가 그 향품을 유향에 섞되 각기 같은 분
량으로 하고
그것으로 향을 만들되 향 만드는 법대로 만들고 그것에 소금
을 쳐서 성결하게 하고
그 향 얼마를 곱게 찧어 내가 너와 만날 회막 안 증거궤 앞에
두라 이 향은 너희에게 지극히 거룩하니라
네가 여호와를 위하여 만들 향은 거룩한 것이니 너희를 위하
여는 그 방법대로 만들지 말라
냄새를 맡으려고 이같은 것을 만드는 모든 자는 그 백성 중
에서 끊어지리라

성경은 이 향이 무엇을 의미하는지에 대해 기록하고 있습니다.

요한계시록 5장 8절
그 두루마리를 취하시매 네 생물과 이십사 장로들이 그 어린
양 앞에 엎드려 각각 거문고와 향이 가득한 금 대접을 가졌으

니 **이 향은 성도의 기도들이라**

요한계시록 8장 3-4절

또 다른 천사가 와서 제단 곁에 서서 금 향로를 가지고 많은 향을 받았으니 이는 모든 성도의 기도와 합하여 보좌 앞 금 제단에 드리고자 함이라

향연이 성도의 기도와 함께 천사의 손으로부터 하나님 앞으로 올라가는지라

하나님 앞에 성도의 기도가 향연과 함께 섞여 연기처럼 하나님 앞에 올라간다는 것입니다. 이것은 구약에 성막 안에 있는 향의 원리입니다. 모든 향에 유향을 섞으라고 하셨습니다. 그리고 소금을 쳐서 하나님께 드리라고 하셨습니다. 이것을 성소에서 피우고 끊이지 말게 하라고 하셨습니다. 그리고 또 사람을 위해 만들지 말라고도 말씀하셨습니다. 오직 하나님만을 위해 구별하라고 하셨습니다. 기도는 오직 하나님께 드려지는 것입니다.

아름다운 기도는 하나님께 아름다운 향과 같습니다. 그러면 이 향에 대해 아는 것은 굉장히 중요하지 않을까요? 하나님께서 수천 년 전에 유대인들에게 기도의 원리를 이 향들을 통해 알려 주신 것

입니다. 그러므로 우리는 유대인들에게 그 향 하나하나가 어떤 의미로 다가왔을지를 생각해 보아야 합니다. 그들이 살던 시대와 배경에 대한 이해가 필요한 것입니다. 다만 이런 연구는 제가 개인적으로 찾아보고 나누는 것이니 "이것이 기도의 진리입니다." 하고 말씀드리는 것이 아님을 알려 드립니다.

(1) 소합향

소합향은 히브리어로 '나타프'라는 향으로 '향기로운 몰약, 나무진'이라고 합니다. 몰약을 '머르'라고 하는데 이 '머르'라는 이름에서 서머나 교회 이름이 나옵니다. 쥐어 짜임을 당하고 고문을 당하나 거기에서 독이 나오지 않고 향이 나옵니다. 이것이 하나님을 기쁘시게 하는 향인 것입니다. 그 향이 나올 때에 뜨거운 태양 아래에서 소량의 진액이 방울방울 나오는 것입니다. 그러니 이것이 얼마나 귀한 것입니까?

> 누가복음 22장 44절
> 예수께서 힘쓰고 애써 더욱 간절히 기도하시니 땀이 땅에 떨어지는 핏방울 같이 되더라

예수님께서 간절히 기도하실 때에 땀방울이 핏방울처럼 되었다고 말합니다. 이것이 간절한 기도죠.

히브리서 5장 7절
그는 육체에 계실 때에 자기를 죽음에서 능히 구원하실 이에게 심한 통곡과 눈물로 간구와 소원을 올렸고 그의 경건하심으로 말미암아 들으심을 얻었느니라

예수님께서 기도하실 때 대강 편하게 기도하지 않으셨습니다. 그는 하나님의 독생자이심에도 정말 심한 통곡과 눈물로 간구와 소원을 올리셨습니다. 우리 기도에 이러한 간절함이 있어야 한다는 것입니다.

예레미야 29장 12-13절
너희가 내게 부르짖으며 내게 와서 기도하면 내가 너희들의 기도를 들을 것이요
너희가 온 마음으로 나를 구하면 나를 찾을 것이요 나를 만나리라

하나님께 나아갈 때에 전심으로 하나님을 찾으라는 것입니다.

기도할 때 우리는 집중해야 하고, 간절해야 합니다. 소합향은 이러한 간절한 기도를 나타내는 것입니다.

(2) 나감향

나감향은 당시에 향조개를 빻을 때 나오는 향입니다. 향조개를 철저히 부수고 잘게 갈수록 그것을 태울 때 강한 향이 난다고 합니다. 이 말은 무엇일까요? 예수님의 기도처럼 내가 부서지는 기도가 하나님께 아름다운 기도라는 것입니다.

예수님도 십자가에 달리시기 전에 너무 두려우셨습니다. 왜 아니겠습니까? 벌써 십자가의 고통을 예감하고 계신 상황이었습니다. 그러나 예수님의 기도의 절정은 "내 뜻대로 마옵시고 아버지의 뜻대로 되기를 원하나이다"라는 고백에 있습니다. 이것이 바로 나감향의 기도입니다.

간절하게 하는 기도는 좋은 기도입니다. 그러나 간절하기만 하고 내 뜻만 관철시키려고 한다면 이것은 나쁜 기도가 됩니다. 우리는 간절한 기도에 더하여 나감향의 기도를 드려야 하는 것입니다. 나감향의 기도는 내가 낮아지고 철저히 빻아져 고운 가루가 되어 사라져야 하는 기도입니다.

(3) 풍자향

풍자향은 페룰라 식물의 진액이라고 합니다. 이는 소독제나 방부제로 이용되었다고 합니다. 그 당시 유대인들이 이 풍자향을 쓰는 용도로 볼 때, 이 기도가 무엇을 말할까요? 저는 풍자향의 기도가 상처를 덮고 아픔을 덮는 기도와 회개의 기도가 아닐까 하는 생각을 해봅니다. 내 마음의 죄를 씻는 기도인 것입니다.

> 시편 66편17-18절
> 내가 나의 입으로 그에게 부르짖으며 나의 혀로 높이 찬송하였도다
> 내가 나의 마음에 죄악을 품었더라면 주께서 듣지 아니하시리라

우리는 하나님께 나아갈 때 간절한 기도, 주님의 뜻이 이루어지기를 원하는 기도, 회개의 기도를 드려야 하는 것입니다.

(4) 유향

유향은 유향나무의 진액으로 매우 귀한 재료라고 합니다. 유향은 여기에 어떤 향을 가미하든지 사랑스러운 꽃향기를 내게 만드는 향이라고 합니다. 그래서 매우 비싼 향입니다. 이 유향은 매우 중요한 의미를 갖고 있습니다. 하나님께서는 소합향, 나감향, 풍자향을 다 같은 분량으로 하고 여기에 유향을 섞으라고 말씀하셨습니다. 계시록 말씀에도 모든 성도의 기도가 향연(유향)과 함께 하나님 앞에 올라간다고 말씀하였습니다. 이 유향은 무엇을 의미할까요? 이것은 바로 예수님의 중보기도를 나타내지 않을까요?

로마서 8장 34절
누가 정죄하리요 죽으실 뿐 아니라 다시 살아나신 이는 그리스도 예수시니 그는 하나님 우편에 계신 자요 우리를 위하여 간구하시는 자시니라

나는 내가 지금 하나님께 드리는 기도가 최선이라고 생각할 때가 많을 것입니다. 하지만 하나님 앞에서는 부족함이 많은 기도일 것입니다. 이런 경우에도 걱정할 필요가 없는 이유는 예수님께서 우리의 기도를 중보하고 계시기 때문입니다. 우리가 부족하더라

도 진실함으로 하나님께 기도하는 것이 왜 중요하냐면 그 기도에 예수님의 중보가 분명히 더해지기 때문입니다. 그러니 이 기도가 얼마나 비밀스럽고 아름다운가요?

이렇게 향들을 섞어서 하나님께 올려드릴 때에 그것에 소금을 쳐서 성결하게 하라고 하나님께서는 말씀하십니다. 또 사람을 위해 그 향을 만드는 것을 금하셨습니다. 기도는 성결해야 합니다. 여기에 다른 요소가 들어가면 안 됩니다. 형식적이고 외식적이고 사람들에게 보이기 위한 기도를 드려서는 안 됩니다. 기도는 순수하고 정직해야 합니다.

어떤 분들은 이 말씀 구절들을 근거로 성도가 향수를 쓰면 안 된다고 합니다. 냄새를 맡으려고 향수 같은 것을 사용하면 안 된다고 합니다. 우리는 성경 말씀을 잘 해석해야 하는데 이렇게 문자적으로만 해석하는 사람들이 있습니다. 그러나 그렇지 않습니다. 이것은 기도에 대한 말씀입니다. 기도는 오직 하나님께로만 향한다는 것입니다. 기도는 결코 사람을 향한 것일 수 없습니다. 기도를 들으시는 유일한 주인은 하나님이십니다. 예배도 마찬가지이고 찬송도 마찬가지입니다. 찬송은 우리 귀가 즐거우라고 드리는 음악이 아닙니다. 오직 우리를 구원하신 하나님께만 드려지만 것입니다. 우리는 모두 예배에서 주님 앞에 드리는 자들이고, 그 예배에 유일한 관객은 하나님이십니다. 사람을 의식하는 기도와 예배, 찬양은 그 순간 주소가 잘못된 것입니다.

"냄새를 맡으려고 이같은 것을 만드는 모든 자는 그 백성 중에서 끊어지리라"

이것이 바로 예수님께서 바리새인에게 너희 기도는 이미 의미가 없다고 말씀하신 이유입니다. 사람을 향한 기도는 하나님께 의미가 없다는 것입니다. 유대인들은 그 당시에 이 기도를 상징하는 향들을 사치품으로 얼마나 사용하고 싶었을까요? 그러나 이것은 오직 하나님을 위한 것이라고 알려 주셨습니다.

기도는 놀라운 비밀입니다. 기도의 분향단 네 구석에는 뿔이 있습니다. 기도에 뿔이 있다는 것은 무엇을 의미할까요? 기도에는 권세가 있다는 것입니다.

마가복음 9장 28-29절
집에 들어가시매 제자들이 조용히 묻자오되 우리는 어찌하여 능히 그 귀신을 쫓아내지 못하였나이까? 이르시되 기도 외

에 다른 것으로는 이런 종류가 나갈 수 없느니라 하시니라

제자들이 귀신을 쫓아내지 못했을 때 예수님은 기도가 없기 때문이라고 말씀하셨습니다. 능력은 오직 기도를 통해 나갑니다. 우리 교회들이 권능이 나타나지 않고, 간증이 나타나지 않는 이유는 딱 한 가지입니다. 능력의 기도가 결핍되어 있기 때문입니다. 기도는 능력입니다. 이 기도의 뿔을 붙잡는 자는 사는 것입니다.

적이 침범할 때에 뿔로 들이받아 몰아내듯이 우리 교회에, 또 우리의 삶 가운데 모든 악한 영들의 도전이 있을 때 기도가 있는 성도들은 밀어내고 이겨 낼 수 있다는 것입니다. 기도하는 자에게는 하나님의 권세, 응답과 영적 싸움의 능력이 주어진다는 것입니다.

예수님이 가르쳐 주신 기도가 주기도문이라면 하나님께서 가르쳐 주신 기도는 성막의 기도라고 할 수 있지 않을까요? 오늘 드린 말씀은 어떻게 기도할 것인가에 대한 말씀이었습니다. 간절한 기도, 내가 깨지는 기도, 회개의 기도, 그리고 거기에 더해지는 예수님의 중보기도. 그 기도가 합쳐져서 하나님께 향연이 되어 올라가는 시간이 우리가 함께 기도하는 시간인 줄로 믿습니다. 이 기도의 원리로 하나님께 기도하여 응답받으시기를 축복합니다.

하나님께서 기뻐하시는 기도자가 따로 있을까요? 있습니다. 예수님의 이름으로 나아가서, 회개의 자리를 거쳐서, 성령의 조명을 힘입어, 네 가지의 향으로 오직 하나님께만 기도를 드리는 여러분을 하나님께서 기뻐하실 것입니다. 우리 모두가 하나님께서 기뻐하시는 기도자들이 되기를 축복합니다.

예수님의 이름으로 나아가서, 회개의 자리를 거쳐서, 성령의 조명을 힘입어, 네 가지의 향으로 오직 하나님께만 기도를 드리는 여러분을 하나님께서 기뻐하실 것입니다.

⑤

초대교회 선배님들은 어떻게 기도했을까?

빌기를 다하매 모인 곳이 진동하더니
무리가 다 성령이 충만하여 담대히 하나님의 말씀을 전하니라

초대교인들의 기도는 수십 년 신앙생활한 우리의 기도보다 더
강력했습니다. 현대 교회들은 땅을 사는 것에 집중하고 있는데, 초
대교회는 주신 땅을 뒤흔들어 버렸습니다. 사람들의 삶이 변화되
고, 하나님이 함께하시는 증거가 나타나고, 그들이 모든 쓸 것을
통용하는 사랑의 역사가 나타났습니다. 신앙의 연수도 오래지 않
은 그들이 도대체 어떻게 기도했길래 이렇게 다른 결과가 나왔던
것일까요? 우리는 신앙생활도 오래 했고, 모임도 많이 했고, 예배
도 많이 했는데 그들과 무엇이 다른 것일까요?

지난 팬데믹 기간 동안 우리 교회가 물리적인 모임을 갖지 못했

지만 온라인을 통해 하나님께서 이루신 일들은 놀랍습니다. 두 교회를 품게 하시고, 개척하게 하시고, 많은 간증이 매주 쏟아지게 하셨습니다. 구원과 영접의 사건들이 나타나게 하시는 것은 정말 놀라운 일이고 하나님께서 하신 일입니다. 왜 이러한 일이 진작에 일어나지 않았을까 하는 생각을 해 보게 됩니다. 오히려 우리가 아무것도 할 수 없을 때 하나님께서 더 놀라운 일을 행하셨다는 사실을 보게 됩니다.

> 사도행전 4장 24-33절
> 24 그들이 듣고 **한마음으로** 하나님께 소리를 높여 이르되
> 대주재여 천지와 바다와 그 가운데 만물을 지은 이시요

초대교인들은 한곳에 모여서 마음을 하나로 합쳤습니다. 한 장소에 한뜻으로 모이는 게 왜 중요할까요? 우리가 합심하고 연합할 때 놀라운 일들이 이루어지고 우리가 그것을 함께 보게 되기 때문입니다. 즉 증인이 되는 것입니다. 현장에서건, 온라인을 통해서건 모이는 것이 중요합니다. 세상은 이것을 끝까지 방해하려고 할 것입니다.

우리가 기도할 내용 중에 중요한 것은 하나님께 문제들에 대해

장황하게 설명하지 않는 것입니다. 대부분의 잘못된 기도가 문제를 자꾸 하나님께 이야기하는 것입니다. 주님은 문제에 대해 이미 다 알고 계시기 때문에 그에 대해 하나님께 설명드릴 필요가 없습니다. 누가 문제에 대해 설명했을까요? 이스라엘 정탐꾼들이 그렇게 하였습니다.

"저 성에 사는 사람들이 얼마나 무시무시한지 아십니까? 그들에 비하면 우리는 메뚜기와 같습니다."

이런 묘사와 비유는 하나님께 필요가 없습니다. 하나님은 이미 우리 앞길에 놓인 장애물들을 알고 계십니다. 우리가 기도할 때 필요한 것은 문제를 구체적으로 이야기하는 게 아니라 하나님이 어떤 분이신가를 계속 고백하는 것입니다. 오늘 말씀을 보면 초대교회는 큰 문제에 직면했습니다. 로마 제국의 본격적인 탄압이 시작되었고 사도들과 교회 리더들을 잡아들이기 시작한 것입니다. 그때 남겨진 성도들의 기도가 이렇게 시작됩니다.

"대주재여!"
"Sovereign Lord!"

우리가 기도할 때 어떻게 하죠? "주여!" 하고 부릅니다. 미국에는 '주여 기도'가 없었는데 한국교회 목사님들에게 배워서 하는 교회들이 있다고 합니다. 과테말라에 가니까 한국 선교사님께 배워서 "Señor!"(주님!) 하고 기도를 하는 것을 보았습니다.

지금 우리를 둘러싼 문제가 중요한 것이 아닙니다. 지금 우리와 함께하시는 하나님이 중요하다는 것입니다. 주님은 어떤 분입니까? 천지와 바다와 그 가운데 만물을 지은 이십니다. 여러분, 어떤 문제 가운데서도 이 고백이면 끝나는 것입니다. 정말 이것을 믿으십니까?

창세기 1장 1절
태초에 하나님이 천지를 창조하시니라

우주가 주님의 손 안에 있는데 그보다 큰 문제가 어디 있을 수 있겠습니까? 그들의 고백, 그들의 믿음은 놀랍습니다. 고문을 당하고, 너무나 큰 어려움이 있는데 하나님을 고백해 버립니다.

25 또 주의 종 우리 조상 다윗의 입을 통하여 성령으로 말씀하시기를 어찌하여 열방이 분노하며 족속들이 허사를 경영하

였는고

26 세상의 군왕들이 나서며 관리들이 함께 모여 주와 그의
그리스도를 대적하도다 하신 이로소이다

이 선포에 인용된 다윗의 고백은 세상이 분노하고 족속들이 어
떠한 일을 경영하든 다 우리 주님과는 상대가 안 된다는 고백입니
다. 시편에 무엇이라고 나오죠? "주께서 비웃으시리라." 이 세상
이 어떤 노력을 해도 이긴 싸움이고 하나님의 손바닥 안에 있는 것
입니다. 제가 자면서 아내에게 잠꼬대로 이러한 말을 했다고 합니
다. "다 괜찮아, 다 부처님 손바닥 안이야." 비유를 든 것이겠죠? 다
하나님 손바닥 안에 있는 것입니다.

문제를 앞두고 기도할 때 하나님이 어떤 분이신가를 함께 고백합
시다. 예배에서 찬양이 중요한 것입니다. '준비찬양'이라는 말은 성
경 어디에도 없습니다. 찬양이 예배의 핵심입니다! 찬양을 통해 하
나님을 얼마나 잘 고백하느냐에 따라 예배의 성패가 좌우됩니다.

예레미야 32장 17절
슬프도소이다 주 여호와여 주께서 큰 능력과 펴신 팔로 천지
를 지으셨사오니 주에게는 할 수 없는 일이 없으시니이다

구약과 신약이 일맥상통합니다. 선지자들이 고백하는 것은 상천 하지에 주님 같은 분은 없다는 것입니다.

시편 103편 1-5절

1 내 영혼아 여호와를 송축하라 내 속에 있는 것들아 다 그의 거룩한 이름을 송축하라

2 내 영혼아 여호와를 송축하며 그의 모든 은택을 잊지 말지어다

3 그가 네 모든 죄악을 사하시며 네 모든 병을 고치시며

4 네 생명을 파멸에서 속량하시고 인자와 긍휼로 관을 씌우시며

5 좋은 것으로 네 소원을 만족하게 하사 네 청춘을 독수리 같이 새롭게 하시는도다

여러분. 문제에 빠질 때마다 가장 먼저 하나님이 어떤 분이신지를 함께 찬양할 수 있기를 바랍니다. 주님은 누구십니까?

치료의 하나님, 여호와 라파,
공급하는 하나님, 여호와 이레,
승리의 하나님, 여호와 닛시,

길이요 진리요 생명,

부활과 생명,

세상의 빛,

우리에게 생명을 주시는 선한 목자이십니다.

이 모든 일들을 묵상하시면서 기도로 나아가면 좋겠습니다. 초
대교인들은 이렇게 하나님의 위대하심을 고백하며 나아갔습니다.

  27 과연 헤롯과 본디오 빌라도는 이방인과 이스라엘 백성과
  합세하여 하나님께서 기름 부으신 거룩한 종 예수를 거슬러
    28 하나님의 권능과 뜻대로 이루려고 예정하신 그것을 행하
  려고 이 성에 모였나이다

하나님께 문제가 무엇인지 간략하게 올려 드리고 있습니다. 우
리에게 필요한 것이 무엇인지 알려 드리는 것처럼 기도하는 것입
니다. 헤롯과 빌라도는 앙숙이고 라이벌이었습니다. 그러나 교회
를 죽이는 일에는 합세하였습니다. 초대교회 성도들은 기도 가운
데 헤롯과 빌라도가 하나님의 큰 뜻이 이루어지는 일에 쓰임받고
있다는 것도 알지 못한 채로 주님을 대적하고 있다고 말합니다. 성
도들은 모든 문제의 배후에 계신 크신 하나님을 놀랍게 고백하고

있는 것입니다.

> 29 주여 이제도 그들의 위협함을 굽어보시옵고 또 종들로
> 하여금 담대히 하나님의 말씀을 전하게 하여 주시오며

놀라운 기도입니다. 문제를 잠깐 언급하였으나 문제를 없애 달라고 기도하지 않았습니다. 오히려 문제를 뚫고 갈 수 있는 힘을 달라고 기도하고 있는 것입니다. 지금 사도들이 막 감옥에서 기적적으로 돌아왔는데 다시는 감옥에 잡혀가지 않게 해 달라고 기도하지 않았습니다. 오히려 무슨 일을 당하든지 담대하게 하나님의 말씀을 전하게 해 달라고 기도하고 있는 것입니다.

> 30 손을 내밀어 병을 낫게 하시옵고 표적과 기사가 거룩한
> 종 예수의 이름으로 이루어지게 하옵소서 하더라

초대교회는 먼저 그 나라와 그 의를 구하고 있습니다. 교회를 통해서 이루어져야 할 본연의 일. 복음의 전파. 그리고 복음의 전파를 위해 필요한 표적과 기사. 이것이 예수의 이름으로 이루어지게 해 달라고 기도하고 있습니다. 저는 이 기도가 우리 교회에 가득 차기를 원합니다. 문제를 해결해 달라는 기도가 아니라 문제를 뚫

고 가 버릴 수 있는 하나님의 더 큰 능력을 구합니다.

"문제가 1이라면 2의 능력을, 7이라면 10의 능력을, 문제가 10이라면 100의 능력을 주셔서 뚫고 가게 하옵소서. 상황을 변화시켜 주시기보다는, 우리가 상황을 넘어갈 수 있는 큰 믿음과 은혜와 하나님의 기적과 표적을 허락해 주시옵소서. 말씀이 끊임없이 전파되게 하시고, 예수님이 전파되게 하시고, 이를 위해 꼭 필요한 표적과 기사가 끊이지 않게 하옵소서."

여러분, 이 기도를 우리 교회를 위해 끊임없이 해 주시기를 부탁드립니다.

31 빌기를 다하매 모인 곳이 진동하더니 무리가 다 성령이 충만하여 담대히 하나님의 말씀을 전하니라

이런 기도를 드리니 땅이 진동하였다고 했습니다. 얼마나 하나님이 기뻐하시고 성령이 강력하게 그들 가운데 임하시는지 땅이 진동한 것입니다. 여러분, 우리 교회가 땅을 사는 교회가 아니라 주신 땅을 뒤흔들어 버리는 교회가 되기를 예수 이름으로 축원합니다. 곳곳에 세워진 교회들이 서 있는 땅을 성시화할 수 있고 그

지역을 흔들어 버리는 권능의 교회가 되기를 예수 이름으로 축복합니다.

이런 기도 후에 무리가 성령 충만해졌습니다. 교회가 본연의 일을 하기를 기도하니 성령을 부어 주셨습니다. 성령받기를 원하실 때 전제가 있어야 합니다. 성령받아서 무엇을 할 것입니까? Why? 초대교회는 Why를 구했습니다.

"주님, 어떤 상황에도 예수님만 전파하게 해 주십시오. 구원받는 역사가 일어나야 하니 표적과 기사를 허락해 주십시오."

표적과 기사는 누가 행하시죠? 성령님께서 행하시는 것입니다. 그러니 그 결과대로 성령이 충만하여 담대히 하나님의 말씀을 전한 것입니다.

"저도 성령을 한번 체험해 보고 싶습니다."

이러한 개인적인 호기심이나 소욕으로 성령을 구하는 게 아니라 하나님 뜻대로 살기 위해, 사명자로 살기 위해 성령을 부어 달라고 구해야 하는 것입니다. 교회가 교회를 세워야 합니다. 교회가 선교해야 합니다. 교회가 전도해야 합니다. 교회가 영혼을 구해야 합니다. 이러한 일들이 끊임없이 되기 위해 능력을 구하는 것입니다. 초대교회가 이렇게 구하니 하나님의 말씀을 전하게 되고 성령이 충만해졌다는 것입니다.

> 32 믿는 무리가 한마음과 한 뜻이 되어 모든 물건을 서로 통용하고 자기 재물을 조금이라도 자기 것이라 하는 이가 하나도 없더라

놀라운 사건이죠. 성령이 임하시니까 사랑이 충만해지고, 한마음이 된 것입니다.

> 33 사도들이 큰 권능으로 주 예수의 부활을 증언하니 무리가 큰 은혜를 받아

기도대로 된 것입니다. 여러분, 저와 여러분이 교회를 위해 기도하는 대로 됩니다. 사단은 수백 가지 문제를 들고 우리 앞에 기다리고 있습니다. "이 사람에게 이 문제를 던지니, 기도제목을 가지고 시간을 허비하는구나." 그러면 사단은 그다음에 또 다른 문제를 던지는 것입니다. 우리는 "이 문제를 해결해 주세요. 저 문제를 해

결해 주세요."가 아니라 항상 "우리를 택하시고 교회를 세우신 하나님의 뜻이 이루어지게 해 주세요." 하고 기도해야 합니다.

개인적으로 기도 열심히 하는 분들도 계시죠. 그러나 하나님의 뜻은 하나님께서 세우신 교회 공동체를 위하여 그 사명을 감당할 수 있기를 위해 기도하는 것입니다. 사람에게 쩔쩔매는 교회가 되라고 하신 것이 아니라 전함처럼 하나님의 기도의 용사들이 모여 복음을 전파하고, 교회를 세우고, 믿지 않는 자들에게 복음을 전파하고, 그를 위해 능력이 나타나는 그런 교회가 되라고 우리를 교회로 만드셨다는 것을 기억해야 합니다.

초대교회의 모범된 기도가 우리 교회들의 기도가 되기를 바랍니다. 이렇게 먼저 그 나라와 그 의를 위해 기도할 때 다른 모든 것을 더하시는 하나님의 놀라운 은혜가 저와 여러분의 삶 가운데, 또 우리 교회 가운데 함께하시기를 예수님의 이름으로 축원합니다.
여러분! 사명을 붙드시길 바랍니다. '나를 왜 지금 다니는 이 교회에 보내셨는가?' '우리 교회의 비전은 무엇인가?' 샘물교회의 비전이 무엇입니까?

"100명의 추수 일꾼, 기도 일꾼. 일꾼을 보내 주십시오. 그런

다음 이 마지막 때에 1000명의 교회 개척자와 선교사를 세울 수 있는 교회가 되게 해 주십시오, 주님 오시기 전까지 더 많은 교회와 복음이 필요하지만 우리 교회가 이만큼은 감당하게 해 주시옵소서."

한국 샘물교회 공두환 목사님이 메시지를 보내 주셨습니다.

"한국 샘물교회가 300명 교회 개척자 감당하겠습니다."

할렐루야! 그렇게 이루어지는 것이죠. 우리 교회는 기도회에 20명도 안 모일 때 이 제목을 가지고 기도하기 시작했습니다. 그런데 하나님께서 합당한 일을 하고 계십니다.

여러분. 주의 일꾼들을 위해 기도할 때 담대히 하나님의 말씀을 전하게 하여 주시오며 손을 내밀어 병을 낫게 하고 표적과 기사가 예수의 이름으로 일어나게 해 주십시오. 섬기시는 교회에 기적과 치유와 간증과 회복의 역사가 끊이지 않고 성도들의 삶 가운데 나타나는 교회가 되길 기도하십시오.

"주의 종들이 손을 내밀어 기도할 때 이러한 역사가 나타나게 해 주세요."

기도해 주시길 바랍니다.

상황을 변화시켜 주시기보다는, 우리가 상황을 넘어갈 수 있는 큰 믿음과 은혜와 하나님의 기적과 표적을 허락해 주시옵소서. 말씀이 끊임없이 전파되게 하시고, 예수님이 전파되게 하시고, 이를 위해 꼭 필요한 표적과 기사가 끊이지 않게 하옵소서.

6

누군가를 축복하는 기도

그가 가까이 가서 그에게 입맞추니
아버지가 그의 옷의 향취를 맡고 그에게 축복하여 이르되
내 아들의 향취는 여호와께서 복 주신 밭의 향취로다

시급한 제목이라고 느껴지는 축복기도에 대해서 함께 나누도록
하겠습니다. 오늘날 많은 사람들, 심지어 교회 안에 성도와 사역자
들까지도 무언가 메말라 있고, 갈급해하고 있다는 것을 느낍니다.
그리고 저는 그것이 하나님의 사랑과 축복에 대한 갈급함이라고
느낍니다. 저는 한국에서 산 시간보다 더 긴 시간을 미국에서 살았
습니다. 21년을 미국에서 살다가 한국에 오랜만에 방문하여 느낀
것은 많은 사람들에게 갈급함이 있는데 이것이 채워지지 않고 있
다는 점입니다. 그리고 이는 하나님의 축복과 격려의 결핍이라는
생각을 해 보았습니다.

우리의 신앙생활이 하나님께 무언가를 받기 위한 것이 되고 있습니다. 사역도 능력이 있어야 하고, 무언가를 해야만 하는 일이 되고 있습니다. 자녀들은 성적을 잘 받고 더 올라가야 합니다. 모두가 바쁘고 분주합니다. 이런 상황 속에서 내게 부어지는 하나님의 은근한 사랑, 따뜻함, 동료 간의 축복, 성도 간에 교회 안에서 부어지는 사랑 같은 것들이 결핍되어 있다는 생각을 하게 되었습니다. 그래서 오늘은 축복하는 것이 얼마나 중요한가에 대해 나누려고 합니다.

하나님께서는 구원받은 이스라엘 백성을 부르시고, 그들에게 명령하십니다. 제사장들에게 명령하십니다. 이렇게 백성들을 축복하라.

민수기 6장 22-27절
22 여호와께서 모세에게 말씀하여 이르시되
23 아론과 그의 아들들에게 말하여 이르기를 너희는 이스라엘 자손을 위하여 이렇게 축복하여 이르되
24 여호와는 네게 복을 주시고 너를 지키시기를 원하며
25 여호와는 그의 얼굴을 네게 비추사 은혜 베푸시기를 원하며

26 여호와는 그 얼굴을 네게로 향하여 드사 평강 주시기를 원하노라 할지니라 하라

27 그들은 이같이 내 이름으로 이스라엘 자손에게 축복할지니 내가 그들에게 복을 주리라

저는 여러분을 위해 이렇게 기도하겠습니다.

여호와는 여러분에게 복 주시기를 원합니다.

여호와는 여러분을 지키시기를 원합니다.

여호와는 여호와의 얼굴을 여러분에게 비추사 은혜 베푸시기를 원합니다.

여호와는 그의 얼굴을 여러분에게 향하여 드사 평강 주시기를 원합니다.

예수 그리스도의 이름으로 기도합니다. 아멘. 여러분을 축복합니다.

물론 하나님께서는 우리에게 복을 주시죠. 그런데 하나님은 그의 백성을 통해 서로 축복하고 그 복을 나누기를 원하신다는 것을 볼 수 있습니다. 하나님께서 우주 만물을 지으신 후에 그것들에 복을 주셨고, 사람을 지으신 후에도 사람에게 복을 주시고 만물을 다

스리게 하셨습니다. 인류가 타락한 후에 메시야의 계획을 시작하실 때에도 아브라함을 통해서 그를 복의 근원으로 삼으셨습니다. 그 복은 이삭에게, 이삭은 야곱에게, 야곱은 그의 열두 아들들에게 축복했고 그 복이 온 인류로 번져 나가게 된 것입니다. 또 유다가 받은 복을 통해 예수 그리스도께서 오시게 되었습니다. 요셉은 그가 받은 복을 통해서 유다 지파를 지키는 파수꾼, 청지기의 역할을 감당하였습니다. 이것이 복의 흐름입니다.

이렇게 하나님의 입김에서 나온 복의 흐름이 저와 여러분의 코로 들어와서 그것이 우리 자녀들에게, 그리고 모든 세상을 향해서 흘러 나가게 하시는 것이 하나님의 계획입니다. 이 복은 결국 예수님께로 이어졌고, 예수님은 우리를 구원하신 후에 제자들을 파송하시면서 그 복음(Gospel, Good News)을 땅끝까지 전하라는 명령을 주신 것입니다. 이제 저와 여러분은 땅끝까지 복음을 전하는, 하나님의 복을 전하는 사람들이 된 것입니다.

그런데 우리가 하나님의 복을 선포하지 않고, 그것을 빌어 주지 않고, 기도하지 않는다면 하나님의 뜻이 우리를 통해 이루어질 수 있을까요? 이것이 결핍된 곳에서는 어떠한 일들이 일어날까요? 또 이러한 축복이 회복된 곳에서는 어떠한 일들이 일어날까요? 이를

생각해 보면 참 아찔하기도 하고, 반대로 축복하고 계신 분들에게
는 감사한 일입니다.

축복기도에는 목적이 있습니다. 하나님의 뜻이 이루어지는 것입
니다. 저와 여러분이 어떤 대상을 위해 축복할 때 그 대상들이 살
아나게 됩니다.

저는 자녀들을 축복할 때 어떤 일이 일어나는지에 대한 칼럼을
쓴 적이 있습니다.

첫 번째로 자녀들의 모든 외로움과 결핍된 욕구들이 채워지게
됩니다. 자녀들이 소셜 네트워크를 많이 사용하고 있습니다. 그런
데 미국에서 이민 2세 자녀들의 50% 이상이 외로움을 느낀다는 조
사 결과가 있습니다. 친구들이 수백명 있고 접속은 많지만, 사실
'접촉'이 부족하다는 것입니다. 스킨십이나 축복, 실제적인 만남은
턱없이 부족하고 외롭고 쓸쓸하다는 것입니다.

미국에서 한국으로 가는 비행기에서 보도를 들었습니다. 페이스
북, 인스타그램에서 자체 조사를 했는데 인스타그램이나 페이스
북, 소셜네트워크를 일찍 시작한 10대들의 30% 이상이 1번 이상

의 자살 충동을 느꼈다는 것입니다. 그러나 회사 측에서는 자체 조사를 했음에도 이를 묵살하려고 했습니다. 이것이 세상에 퍼지면 파장이 클 것이기 때문이었습니다.

우리 자녀들과 우리가 온라인을 통해서 누리는 것은 그림에 불과하고 사실 실상이 있어야 합니다. 그러나 그 실상에서, 관계에서, 성도와의 관계에서, 교회에서, 부부간에 가족간에 필요한 끈끈한 접촉이 매우 부족한 상태라는 것을 우리에게 보여 주고 있는 것입니다. 그런데 우리가 축복을 시작한다면 어떤 놀라운 일들이 일어나겠습니까?

한국에서 제가 만나는 분들을 위해 축복할 때 그분들이 매우 감동하시고, 눈물을 흘리기도 하시고, 고마움을 표현하시는 것을 경험했습니다. 그러면서 느낀 것은 제가 대단한 사람도 아닌데, 그저 진솔하게 축복을 해 드렸을 뿐인데 그 안에 기쁨이 생기고 채워지는 역사가 있다는 것입니다. 그래서 참 우리가 축복이 많이 부족하다는 생각이 듭니다. 'Doing' 중심이 아니라 하나님은 우리를 'Being', '존재'로 대하시는데 우리에게는 그러한 것이 참 부족하다는 것을 느꼈습니다.

두 번째, 자존감이 세워집니다. 하나님께서 주신 오리지널 디자인으로 축복할 때 그들 안에 자존감이 세워집니다. 이삭이 아들들을 위해 기도합니다.

> 창세기 27장 27-29절
> 27 그가 가까이 가서 그에게 입맞추니 아버지가 그의 옷의 향취를 맡고 그에게 축복하여 이르되 내 아들의 향취는 여호와께서 복 주신 밭의 향취로다

아들을 있는 그대로 받아들이는 것입니다. 밭에서 수고하고 나는 땀냄새가 향취라고 축복하는 것입니다.

> 28 하나님은 하늘의 이슬과 땅의 기름짐이며 풍성한 곡식과 포도주를 네게 주시기를 원하노라
> 29 만민이 너를 섬기고 열국이 네게 굴복하리니 네가 형제들의 주가 되고 네 어머니의 아들들이 네게 굴복하며 너를 저주하는 자는 저주를 받고 너를 축복하는 자는 복을 받기를 원하노라

지금 빌어 주는 축복은 원래 하나님이 아브라함에게 주신 복인데

이 복이 내려가고 있는 것입니다. 우리가 자녀들에게 이런 축복을 한다면 자녀들이 얼마나 자신감을 가질까요? 우리 자녀들이 선생님에게, 그리고 친구들에게 사랑받는 아들과 딸 되기를 원합니다.

야곱도 아들들을 향해 축복합니다.

창세기 49장 9절
유다는 사자 새끼로다 내 아들아 너는 움킨 것을 찢고 올라갔도다 그가 엎드리고 웅크림이 수사자 같고 암사자 같으니 누가 그를 범할 수 있으랴

이것은 자존심을 세워 주는 것이 아니라 자존감을 세워 주는 것입니다.

창세기 49장 21절
납달리는 놓인 암사슴이라 아름다운 소리를 발하는도다

이러한 축복을 받은 자녀, 가족, 그리고 성도들은 어떠한 삶을 살게 될까요? 계속 무언가를 요구하는 관계들 속에서 "네 지금 모습 그대로 참 괜찮아. 너는 복을 받기에 충분한 존재야."라는 기도

를 받는다면 우리 삶이 어떻게 달라질까요?

저는 이번 한국 방문에서 저희 부모님께 또 축복기도를 받았습니다. 그 시간이 얼마나 복되고 그 기도가 제 귓가에 남아 있는지 모릅니다. 부모님 앞에 제가 무릎을 꿇고, 부모님이 양쪽에서 제 머리에 손을 얹으셨습니다. 그리고 제 사역을 위해서, 가정을 위해서, 자녀들을 위해서 축복해 주시는데 그 기도가 뇌리에서 맴돌고 제게서 떠나지를 않습니다. 그러니 축복이 얼마나 귀한 것입니까?

세 번째, 축복기도는 대상의 미래를 빚어 줍니다.

민수기 14장 28절
그들에게 이르기를 여호와의 말씀에 내 삶을 두고 맹세하노라 너희 말이 내 귀에 들린 대로 내가 너희에게 행하리니

우리가 축복한 대로, 하나님께서 들으신 그대로 하나님께서 행하시겠다는 것입니다. 유대인들은 지금도 자녀들을 매일 그렇게 축복한다고 합니다. "나의 하나님이 너에게 풍성한 복을 내리시고 너를 에브라임과 므낫세같이 만드시기를 원하노라. 나의 하나님이 너를 라헬과 사라와 같이 만드시기를 원하노라."

그래서 저희 교회에서도 그렇게 기도합니다. "네가 요셉과 같이 다윗과 같이 되기를 원하노라."

네 번째, 이 축복은 우리 안에 굉장한 평안을 줍니다.

> 민수기 6장 26절
> 여호와는 그 얼굴을 네게로 향하여 드사 평강 주시기를 원하
> 노라 할지니라 하라

축복의 가장 큰 요소 중에 하나가 하나님의 평강을 우리 안에 심어 준다는 것입니다. 여러분. 지금 얼마나 많은 사람들에게 평강이 필요합니까? 정서가 불안하고 무언가에 쫓기고 있지 않습니까? 또 팬데믹 상황으로 인해 얼마나 많은 사람들이 갇혀 있고, 정신적으로나 육체적으로 공황장애를 겪고 있으며 우울을 경험하고 있는지 모릅니다.

미국에서 매년 우울증으로 인한 약이 감기약보다 더 많이 팔리고 있다는 사실 알고 계십니까? 그리고 그 돈은 무려 연간 25조 원을 넘는다고 합니다. 너무나 많은 사람들이 눌려 있고, 괴로워하고, 아파하고 있다는 것입니다.

예수 그리스도께서 오셔서 이 모든 눌린 것, 묶인 것을 풀어내셨고 해방해 주셨습니다. 고쳐 주셨습니다. 하나님의 복을 우리에게 주신 것입니다. 이 복을 우리에게 주시고 우리를 세상으로 파송하신 것입니다. 그래서 우리가 세상으로 나가야 하는 것입니다.

축복을 할 때 가장 큰 혜택은 저와 여러분, 축복하는 사람에게 온다는 것을 우리가 알았으면 좋겠습니다. 하나님의 축복을 위임받아 주변을 축복하는 삶을 살 때 가장 큰 혜택은 저와 여러분에게 있다는 것입니다. 왜 그런지 알려 드리겠습니다.

축복을 하면 관점의 대전환이 일어납니다. 제가 변화받기 전에는 아내에 대한 관점이 '왜 나의 아내는 나의 이런 부분을 채워 주지 못하고 알아주지 못할까?' 하는 것에 맞춰져 있었습니다. 불행했죠. 그런데 어느 새벽 기도 말씀 때 잠언을 설교하다가 깨닫게 되었습니다.

잠언 5장 18절
네 샘으로 복되게 하라 네가 젊어서 취한 아내를 즐거워하라
"Let Your Fountain be Blessed"

"나는 지금까지 결혼이 내가 뭘 받아야 하는 줄 알았는데, 내 결혼의 목적은 배우자를 축복하는 것이었구나. 그의 인생을 꽃피우게 하는 것이었구나!"

이렇게 제 관점이 바뀐 순간 제 안에 무언가 쿵 하고 와닿았습니다. 무거운 돌덩어리가 떨어져 나가는 것 같았습니다. 관점이 바뀌니 아내를 위한 봉사나 행함이 아깝지가 않게 되었습니다.

여러분, 관점의 변화입니다. 자녀와의 관계에서도 마찬가지입니다. 그들이 어떤 일을 하는 것을 보기 원하는 것이 아니라 부모로서 그들을 축복하기 위해서 이 자리에 부르심을 받았다고 생각하는 순간 모든 것이 달라지는 것입니다. 자녀는 내 것이 아닙니다. 나와 똑같이 하나님의 사랑받는 존재로, 구원받을 존재로 보내 주신 것입니다. 내가 그 옆에 서 있는 이유는 그를 예수 그리스도의 이름으로 축복하기 위한 것이라고 생각하는 순간, '그들이 나에게 무엇을 하는가'보다 중요한 것은 '내가 그들에게 어떤 사랑을 주는가'가 됩니다. 관점이 바뀌면서 행복해지는 것입니다. 이 관점의 변화가 있기 전에는 자녀들이 ALL A 학점을 받아 오지 않으면 행복하지 않았습니다. 그런데 이것을 깨닫는 순간, 하나님 앞에 이 아이가 얼마나 존귀한 존재인지, 신비롭고 경이롭고 감사할 뿐입니다. 제 인생에서 불행이 사라졌습니다.

한국에 나가 보니 자녀들을 이렇게 키울 수 없는 환경이라는 것을 알 수 있었습니다. 아이들을 즐겁게 놀게 해 주려고 해도 4, 5학년만 되면 놀이터에 아무도 없다고 합니다. 같이 놀 친구가 없는 것입니다. 마음을 먹고 자녀들을 행복하게 키워 보려고 해도 환경이 안 되는 겁니다. 그런데 부모의 관점이 이렇게 변한다면 자녀도 행복하고 부모도 살게 됩니다.

교회에서도 마찬가지입니다. 우리가 교회에 왜 존재합니까? 목사님의 열심, 그의 비전을 이루어 드리기 위해서일까요? 열심히 사역하기 위해서일까요? 아닙니다. 서로 축복하기 위해서, 서로가 서로에게 복이 되기 위해서 우리는 교회에 존재합니다.

오늘 말씀에서 하나님은 모세를 통해 아론과 그의 후손들, 바로 제사장들에게 이렇게 축복하라고 명령하셨습니다. 그런데 신약시대에 와서 하나님께서는 저와 여러분이 모두 아론보다 더 훌륭한 '왕 같은 제사장'이라고 말씀하고 계십니다. 이런 제사장들을 세상에 파송하시는 것입니다. 가정으로. 학교로. 직장으로. 그래서 그곳에 가서 복이 되는 것입니다. 이렇게 축복을 하는 사람들이 하나님의 복을 받는다 것입니다.

　교회에 왜 있습니까? '내가 교회에서 무엇을 받아야 하는데'라는 관점과 '나는 목사님을 축복하고 성도들을 축복하기 위해 존재한다'는 마음과는 전혀 다른 것입니다. 제가 성도들을 향해 '왜 이렇게 안 하지? 왜 저렇게 안 하지?' 하면 아마도 괴로워서 죽을 맛일 것입니다. 그러나 저는 목회가 즐겁고 감사합니다. 왜냐하면 여러분을 축복하기 위해, 풍요롭게 하기 위해 제가 존재한다고 어느 순간부터 믿어졌고, 그렇게 목회하고 있기 때문입니다. 제가 설교나 제자 훈련을 하는 이유도 여러분을 예수님께서 이 땅에 보내신 그 디자인대로 구원받은 자의 풍요로운 삶을 살도록 돕기 위해서입니다. 이렇게 사역을 하면 감사하고 섬김도 기쁨이 되는 것이죠. 그런데 뭔가를 바라고 다른 것을 기대하다 보면 정말 불행할 것입니다. 그런데 많은 사람들이 이렇게 불행한 삶을 살고 있습니다.

　여러분, 우리 관점이 바뀌기를 바랍니다. 우리는 축복하기 위해 곳곳에 하나님이 보내신 사람들입니다. 우리의 축복은 주문이 아닙니다. 주문은 우연히 될 수도 있고, 또 안 될 수도 있는 것입니다. 그러나 하나님은 약속하십니다. "네가 축복할 때 나는 그대로 그들에게 축복하리라."

여러분, 여기에 놀라운 비밀이 있습니다. 그리고 이것은 매우 시급한 것입니다. 저는 팬데믹 상황을 통해 우리 교회와 가정들에게 하나님께서 마지막 기회를 주셨다고 생각합니다. 자녀를 끌어안고 축복할 수 있는 마지막 기회 말입니다. 코로나로 인해 부모님들도 어쩔 수 없이 일찍 귀가하고 가족이 함께 시간을 보내는 일들이 회복되었습니다. 저도 그랬습니다. 그래서 몰랐던 것을 알게 되고 기도하게 되었습니다.

지금 마지막 때에 이 지구에 어떤 일이 일어날지 모릅니다. 이때에 하나님께서 우리에게 서로가 서로를 축복하는 것을 회복할 수 있는 마지막 기회를 주시는 것이라는 생각이 제 마음 가운데 듭니다. 이런 일이 없었더라면 우리는 바쁘게 바쁘게 무언가를 하고 또 얻기 위해 하나님 앞에 나아갔을 것입니다. 무언가를 늘 "주세요. 주세요." 하는 관계는 행복할 수 없습니다. 그것을 안 주시면 불행해질 수 있습니다. 그런데 다윗을 보십시오.

"내 영혼아 여호와를 송축하라."
"Bless the Lord, O my soul"

하나님의 이름을 축복하고 있습니다. 우리가 구원받고 하나님의 자녀가 되어 할 수 있는 놀라운 일 중에 하나는 하나님의 이름을 축복하는 것입니다. 찬양하는 것입니다. 하나님께서 우리에게 얼마나 놀라운 권세를 주셨나요? 이 세상 어느 누가 여호와의 이름을 'Bless', 축복할 수 있나요? 하나님께서 저와 여러분에게 이 놀라운 권한과 축복을 주셨습니다.

하나님과의 관계에서 하나님을 찬양하고 축복하는 관계와 기도를 하기만 하면 달라는 관계 중 어떤 것이 과연 행복한 관계일까요? 여러분. 찬양이 복된 것입니다. 축복이 복된 것입니다. 이 모든 일은 돈이 들지 않습니다. 하나님께서는 우리 호흡에 이 엄청난 권세와 약속을 주신 것입니다. Why not? 왜 이것을 우리는 사용하지 않습니까? 가장 강력한 권세. 우리 동역자를 축복하는 것, 서로를 축복하는 것입니다. 모든 악독을 그치고, 시기를 그치고, 서로를 교회를 축복하는 것입니다. 기도의 자리에 있는 것은 내가 무엇을 받기 위함이 아니라 하나님의 풍성한 복을 선포하기 위함입니다. 이 마음으로 기도할 때 세상이 달라지고 저와 여러분이 달라집니다. 행복해집니다. 그리고 하나님께서 저와 여러분을 축복의 통로로 삼아 주실 줄을 믿습니다.

새벽에 하루를 시작하기 전에 축복을 결단해 보시길 바랍니다.

자녀들이 학교 갈 때 끌어안고 축복해 보시기를 바랍니다. 1분밖에 안 걸리는 시간, 커피 한 잔을 마시기도 부족한 그 시간에 저와 여러분은 위대한 일을 할 수 있습니다. 축복하시길 바랍니다. 기도하시길 바랍니다. 저도 여러분을 축복하고 사랑합니다.

우리의 축복은 주문이 아닙니다. 주문은 우연히 될 수도 있고, 또 안될 수도 있는 것입니다. 그러나 하나님은 약속하십니다. "네가 축복할 때 나는 그대로 그들에게 축복하리라."

7

하나님이 감동하시는 기도

기도는 열심히 하는 것만이 중요한 것이 아닙니다.
하나님께서 응답하시는 기도를 드리는 기도자가
하나님을 기쁘시게 하는 기도자라는 것을 알 수 있습니다.

우리 모두는 기도를 합니다. 어떤 사람은 오랜 시간 기도하고, 어떤 사람은 짧은 시간을 기도합니다. 또 어떤 사람은 열심으로 기도하고, 어떤 사람은 다른 사람들보다 열심으로 기도하지 않는 것처럼 보이기도 합니다. 기도의 모습은 각각 다릅니다. 그러나 가만히 들여다보면 어떤 사람들은 기도를 통해 하나님을 감동시킵니다. 그리고 남들보다 더 풍성한 기도의 열매를 맺습니다. 성경속에 인물들을 봐도 그렇습니다. 이러한 차이가 왜 있을까요? 예수께서는 너희가 풍성한 열매를 맺음으로 내 제자임을 사람들이 알리라고 말씀하셨습니다.

기도는 열심히 하는 것만이 중요한 것이 아닙니다. 하나님께서 응답하시는 기도를 드리는 기도자가 하나님을 기쁘시게 하는 기도자라는 것을 알 수 있다는 것입니다. 대표적으로 솔로몬의 기도를 볼 수 있습니다. 그가 타락하기 전에는 하나님을 참 기쁘시게 하는 기도를 드렸습니다.

> 역대하 1장 11-12절
> 11 하나님이 솔로몬에게 이르시되 이런 마음이 네게 있어서 부나 재물이나 영광이나 원수의 생명 멸하기를 구하지 아니하며 장수도 구하지 아니하고 오직 내가 네게 다스리게 한 내 백성을 재판하기 위하여 지혜와 지식을 구하였으니
> 12 그러므로 내가 네게 지혜와 지식을 주고 부와 재물과 영광도 주리니 네 전의 왕들도 이런 일이 없었거니와 네 후에도 이런 일이 없으리라 하시니라

하나님은 솔로몬의 기도를 들으실 때 감동을 받으셨습니다. 그래서 하나님은 그가 구한 지혜만이 아니라 모든 것을 그에게 더하셨습니다. 여러분. 솔로몬의 기도를 듣고 하나님께서 흥분하시는 모습이 보이시나요? 하나님은 솔로몬에게 지혜뿐 아니라 그 모든 것을 부어 주셨습니다. 이것이 기도의 스킬일까요? 기도의 시간일

까요? 오늘 말씀은 분명히 '이런 마음'이라고 말씀하고 있습니다. 하나님께서 솔로몬의 기도하는 '마음'을 보시고 감동하셨다는 것입니다. "저 사람이 40일 특별기도를 했어? 그럼 나도 해야지. 금식을 했어? 나도 해야지." 많은 사람들이 이런 식으로 기도를 합니다. 이것이 아닙니다. 하나님은 기도하는 사람의 마음을 보십니다.

God said to Solomon, "**<u>Since this is your heart's desire</u>** and you have not asked for wealth, riches or honor, nor for the death of your enemies, and since you have not asked for a long life but for wisdom and knowledge to govern my people over whom I have made you king,"

'your heart's desire' - 네 마음의 소원을 보았다는 것입니다. 그것에 감동하고 풍성한 응답을 주셨다는 것입니다. 또 비슷한 말씀이 있습니다.

역대하 16장 9절
여호와의 눈은 온 땅을 두루 감찰하사 **<u>전심으로 자기에게 향하는 자들을 위하여 능력을 베푸시나니</u>** 이 일은 왕이 망령되이 행하였은즉 이 후부터는 왕에게 전쟁이 있으리이다 하매

For the eyes of the LORD range throughout the earth to
strengthen **those whose hearts are fully committed to him**.
You have done a foolish thing, and from now on you will be
at war.

하나님의 눈은 누군가를 돕기 위하여 지상을 살피신다는 것입니
다. 그 누군가가 누구냐 하면 그들의 마음이 하나님께 전적으로 향
하는 사람들을 말합니다.

킹제임스 버전으로 보면 '하나님께 온전하게 충성된 마음을 가
진 사람들'이라고 나와 있습니다. 여러분, 이것은 정말 중요한 것
입니다. 어떻게 기도하는가보다 어떤 마음을 가지고 기도하는가
가 다른 응답을 이끌어 낸다는 것입니다. 하나님의 감동을 이끌어
낸다는 것입니다. 그래서 우리는 하나님을 감동시킨 기도자, 솔로
몬을 살펴보기를 원합니다.

역대하 1장 1절
다윗의 아들 솔로몬의 왕위가 견고하여 가며 그의 하나님 여
호와께서 그와 함께 하사 심히 창대하게 하시니라

그 당시 솔로몬의 왕위가 견고하고 그가 심히 창대했다고 성경은 말씀합니다. 솔로몬은 이미 성공했을 때 하나님께 나아가고 있는 것입니다. 오늘날 많은 사람들은 문제에 빠졌을 때 기도하고 어려움 가운데 있을 때 하나님을 찾습니다. 그러나 복을 받았을 때 하나님을 찾는 자는 드뭅니다. 그러나 하나님은 그때 보신다는 것입니다. 하나님을 찾는 자들의 마음이 전적으로 하나님께 있는지, 하나님의 마음과 합한지는 우리가 성공할 때 볼 수 있다는 것입니다. 모든 일이 잘될 때 우리의 진짜 마음이 드러납니다. 솔로몬은 그렇게 축복 주실 때 하나님께 나아갔습니다.

역대하 1장 2-3절
솔로몬이 온 이스라엘의 천부장들과 백부장들과 재판관들과 온 이스라엘의 방백들과 족장들에게 명령하여
솔로몬이 온 회중과 함께 기브온 산당으로 갔으니 하나님의 회막 곧 여호와의 종 모세가 광야에서 지은 것이 거기에 있음이라

솔로몬은 혼자 나가지 않고 주변의 사람들을 모두 하나님께로 인도하는 기도자였습니다. 자신의 리더십이 미치는 사람들만이 아니라 온 회중과 함께 하나님 앞에 나아가는 자였습니다. 여러

분. 우리만 하나님 앞으로 나가는 것이 아니라 주변 사람들을 계속 하나님 앞으로 인도할 수 있는 사람, 기도의 자리로, 구원의 자리로 끌고 갈 수 있는 사람을 하나님이 기뻐하시는 것을 성경 곳곳에서 발견합니다.

그런데 솔로몬은 성전 건축을 하는데 왜 예루살렘이 아니라 기브온 산당으로 갈까요? 산당은 타락한 이스라엘 백성이 우상숭배를 하기로 한 곳입니다. 그런데 그가 그곳에 간 이유가 나오고 있습니다. 하나님의 회막이 거기 있었기 때문입니다. 이것이 중요한 것입니다. 솔로몬은 하나님의 마음을 헤아리는 기도자였습니다. 하나님께서 회막을 짓게 하시고 모세와 은밀한 대화를 나누시던 곳이 바로 기브온 산당인데 솔로몬은 자기가 원하는 곳으로 간 것이 아니라 하나님의 마음이 머무는 곳을 찾아갔다는 것입니다. 이것이 참 하나님 보시기에 기특한 것입니다.

여러분 제가 이번에 한국에 갔을 때 제 고향을 들렀습니다. 저는 그곳에 오랫동안 가고 싶었습니다. 미치도록 그리운 것입니다. 그곳에 제가 다녔던 학교, 제가 공부했던 그 교실, 제가 뛰놀았던 들판, 제가 어렸을 때 살았던 그 집이 그리웠습니다. 그런데 가 보니까 다 흉가가 되고 학교도 다 없어졌습니다. 잡초가 무성합니다.

그런데 그럼에도 제가 그곳에 가는 이유가 있죠. 거기에 제 마음이 담겨 있기 때문에 그렇습니다.

하나님이 떠올리실 것을 생각해 보십시오. 바로 하나님을 사랑한, 구약에서 하나님을 연애했다고 생각할 수 있는 모세. 그 모세를 은밀히 만나셨던 곳. 다윗이 하나님을 최초로 '나의 힘이 되신 여호와여 내가 주를 사랑하나이다' 고백한 곳. 그런 사람들과의 추억이 있는 장소인 것입니다. 솔로몬이 이러한 하나님의 마음을 헤아렸다는 것입니다. 하나님을 사랑했던 사람들이 머물렀던 곳. 하나님과 대화하고 만났던 곳. 지금 교회가 바로 그러한 곳인 줄로 믿습니다. 그곳에 가서 회중과 함께 하나님을 경배하고 기도했다는 것입니다. 이것이 솔로몬의 아름다운 점입니다. 타락하지만 않았더라면 좋았을 텐데요.

역대하 1장 4-6절
다윗이 전에 예루살렘에서 하나님의 궤를 위하여 장막을 쳐두었으므로 그 궤는 다윗이 이미 기럇여아림에서부터 그것을 위하여 준비한 곳으로 메어 올렸고
옛적에 훌의 손자 우리의 아들 브살렐이 지은 놋제단은 여호와의 장막 앞에 있더라 솔로몬이 회중과 더불어 나아가서

여호와 앞 곧 회막 앞에 있는 놋 제단에 솔로몬이 이르러 그
위에 천 마리 희생으로 번제를 드렸더라

하나님을 감동시킨 기도자를 보십시오. 하나님 앞에 국유재산이
아닌 개인 재산 천 마리의 희생으로 번제를 드립니다. 이것을 우리
는 '거룩한 낭비'라고 부릅니다. 하나님 앞에 나아갈 때에는 거룩한
낭비가 뒤따릅니다. 우리가 하나님을 사랑하는 만큼 말이죠.

얼마의 헌금이 적당하냐는 질문을 가끔 받습니다. 그럴 때 성경
을 통해 드릴 수 있는 답변은 "여러분에게 부담이 되는 만큼이 좋
은 헌금입니다."라고 답하고 싶습니다. 하나님께 드리는데 음식점
팁만큼의 헌금을 드린다면 하나님을 감동시킬 수 있을까요? 액수
로 말씀드린다고 오해하지 마시길 바랍니다. 우리가 하나님께 드
리는 것 안에 들어 있는 우리의 마음이 하나님을 감동시킬 수 있다
는 말씀입니다. 예수님께서 연보궤 앞에서 한 과부가 동전을 헌금
하는데 다른 어떤 사람들보다 많은 것을 드렸다고 하십니다. 왜냐
하면 그것은 그녀의 생활비 전부였기 때문이라고 예수님이 말씀
하십니다.

말라기 1장 8절

만군의 여호와가 이르노라 너희가 눈 먼 희생제물을 바치는
것이 어찌 악하지 아니하며 저는 것, 병든 것을 드리는 것이 어
찌 악하지 아니하냐 이제 그것을 너희 총독에게 드려 보라 그
가 너를 기뻐하겠으며 너를 받아 주겠느냐

말라기에 말씀하십니다. 사람들은 총독도 받지 않을 것을 하나
님께 가져와서 하나님을 속인다는 것입니다. 내가 하나님께 드리
는 마음은 누구보다 나 자신이 제일 잘 알고, 남도 알 수 있습니다.
이게 하나님의 감동이라는 것입니다.

솔로몬은 자기 재산으로 하나님 앞에 참 부담스러울 수 있을 만
큼의 거룩한 낭비를 했습니다. 구원받은 여인이 옥합을 깨뜨린 것
처럼 하나님께 그러한 희생을 드렸다는 것입니다.

역대하 1장 7-8절

그 날 밤에 하나님이 솔로몬에게 나타나 그에게 이르시되 내
가 네게 무엇을 주랴 너는 구하라 하시니
솔로몬이 하나님께 말하되 주께서 전에 큰 은혜를 내 아버지
다윗에게 베푸시고 내가 그를 대신하여 왕이 되게 하셨사오니

Solomon answered God, "You have shown great kindness
to David my father and have made me king in his place."

여기서도 정말 감동입니다. 내가 지금 왕이 된 것은 다 하나님
의 은혜라고 고백하고 있습니다. 이것을 알고 이를 고백하는 사람
은 성경에서 많지 않습니다. 우리도 우리가 이 자리에 있는 것은
다 주님의 은혜입니다 하고 감사를 드렸으면 좋겠습니다. 이것이
하나님을 감동시키는 자의 자세입니다. 예수님께서 주기도문에서
하나님을 찬양하며 기도하라고 하신 것처럼 말입니다.

역대하 1장 9-10절
여호와 하나님이여 원하건대 주는 내 아버지 다윗에게 허락
하신 것을 이제 굳게 하옵소서 주께서 나를 땅의 티끌 같이 많
은 백성의 왕으로 삼으셨사오니
주는 이제 내게 지혜와 지식을 주사 이 백성 앞에서 출입하
게 하옵소서 이렇게 많은 주의 백성을 누가 능히 재판하리이
까 하니

여러분, 보십시오. 하나님이 저와 여러분에게 나타나셔서 무엇
이든지 줄 수 있으니 구하라고 하신다면 무엇을 구하시겠습니까?

솔로몬은 이 질문에 '사명'을 구하고 있습니다. 그 사명은 하나님의 백성을 돕기를 원한다는 것입니다.

"Give me wisdom and knowledge, that I may lead this people, for who is able to govern **this great people of yours**?"

솔로몬은 하나님의 백성을 **'당신의 위대한 백성'**이라고 말합니다. 하나님의 위대한 백성을 제가 어떻게 도울 수 있겠습니까? 제게 지혜를 주십시오. 하나님도 높이고 하나님의 백성도 높이는 겸손한 마음이 있다는 것을 볼 수 있습니다. '내가 왕이고 저들은 백성이니 내가 다스려야지' 이런 마음이 아니라 하나님의 위대한 백성을 내가 섬길 수 있도록 지혜를 달라고 구하는 것입니다. 여러분도 감동이 되지 않으십니까?

하나님은 지도자들을 세우십니다. 그런데 지도자들이 착각하는 것이 있습니다. 그들이 위대하기 때문에 하나님이 세우신다고 생각하는 것입니다. 그러나 그것이 아닙니다. 하나님께서는 그분의 백성들을 섬기게 하기 위해서 지도자를 세우신다는 것입니다. 이것을 기억할 수 있다면 여러분이 어떤 리더십에 있든지 그것은 누군가를 복되게 하고 누군가를 섬기기 위해서 하나님이 주신 기회라는 것입니다. 오늘 우리가 건강하게 기도할 수 있는 것은 하나님께서 우리가 누군가를 위해 기도하기를 원하신다는 것입니다. 축복하기를 원하신다는 것입니다.

> 역대하 1장 11절
> 하나님이 솔로몬에게 이르시되 이런 마음이 네게 있어서 부나 재물이나 영광이나 원수의 생명 멸하기를 구하지 아니하며 장수도 구하지 아니하고 오직 내가 네게 다스리게 한 내 백성을 재판하기 위하여 지혜와 지식을 구하였으니

기도는 테크닉, 시간, 방법이 아닙니다. 기도는 마음입니다. 하나님은 솔로몬의 마음에 감동하신 것입니다. 당시 솔로몬의 왕위가 불안정하고 곳곳에서 반역의 기미도 있었습니다. 실질적으로 필요했던 것은 부, 재물, 영광, 원수의 생명, 그리고 장수입니다. 그러나 그러한 필요를 구하지 않았습니다. 솔로몬은 하나님이 그를 세우신 그 자리를 정확하게 알고 있었던 것입니다. 그것은 바로 하나님의 백성을 돕는 일이었습니다. 이러한 솔로몬의 기도를 들으시는 하나님의 기쁨의 흥분?이 보입니다.

역대하 1장 12-13절

그러므로 내가 네게 지혜와 지식을 주고 부와 재물과 영광도 주리니 네 전의 왕들도 이런 일이 없었거니와 네 후에도 이런 일이 없으리라 하시니라

이에 솔로몬이 기브온 산당 회막 앞에서부터 예루살렘으로 돌아와서 이스라엘을 다스렸더라

솔로몬의 전성기가 온 것입니다. 여러분 이것이 저와 여러분의 기도의 마음이 되기를 원합니다. 무엇을 구하는가보다 이것을 내가 왜 구하느냐가 바로 우리의 마음, 'heart'입니다. 이것을 얻어서 무엇을 하려고 하느냐가 우리의 마음인 것입니다. 이 기도의 자리에 우리가 어떤 마음으로 와 있습니까? 쓴 뿌리, 야망, 복수하겠다는 마음들이 아니라 정말 하나님 앞에 겸허하고 감사하고 감격스러운 마음으로, 모든 영광을 돌리는 마음으로 기도하기를 원합니다. 하나님께서 내게 주시는 자리를 통해 과연 어떤 일에 섬길 수 있을까, 하나님의 백성을 어떻게 도울 수 있을까 하는 마음 가운데 저와 여러분이 기도의 자리로 나아가게 된다면 같은 기도를 하지만 하나님의 시선이 머무는 기도자가 될 줄로 믿습니다.

제가 하나님의 은혜를 입는 경우들이 인생에서 몇 번이 있는데,

이번 한국 방문 이후에도 그런 마음을 받습니다. 하나님께서 응답해 주시고, 더 들려주시고, 한걸음 나가게 하시고 확장하게 하시는 은혜가 느껴지는 것입니다. 미국에서 교회 개척한다고 하니 돈이나 보내 주고, 기도 좀 해 주고 이런 것이 아니라 우리가 직접 한걸음 디뎠습니다. 순종했습니다. 그리고 우리 교회에도 약간의 불편과 희생이 있었습니다. 저도 움직여야 했습니다. 그런데 이렇게 순종하고 나면 그보다 더 큰 것을 부어 주시는 것을 느낍니다. 우리가 원하는 것. 단순히 교회를 개척하는 것뿐만이 아니라 우리에게 더 많은 것을 주십니다. 분명히 그런 것이 있습니다. 하나님이 우리 교회를 더 축복해 주시는 것입니다. 우리가 원하는 것을 이루는 것이 아니라 더 풍성한 것으로 우리를 축복해 주시는 것을 느낄 수가 있습니다. 그런 복이 저와 여러분에게 함께하시기를 바랍니다.

앞으로 우리 인생은 기도의 삶입니다. 그 인생 가운데 하나님께서 모든 것을 더하시는 복이 함께하시기를 예수님의 이름으로 축복합니다. 그러기 위해 역대하 1장에 나오는 솔로몬의 마음을 우리가 배워서 주님 앞에 기도할 수 있기를 원합니다. 하나님께 감사하고, 서로가 서로를 위해 기도하기 원합니다. 누군가를 주님 앞에 데려가기를 원합니다. 하나님께 사명을 위해 기도하기를 원합니다. 이러한 기도가 풍성하기를 기도합니다.

우리 중보기도팀이 누군가 기도제목을 올리면 열심히 중보해 줍니다. 자기를 위한 기도를 희생하면서 기도합니다. 이것은 주님이 정말 기뻐하시는 일입니다. 정말 귀한 일입니다. 저와 여러분이 뜨겁게 사랑하고 서로를 위해 기도할 때 하나님의 감동이 우리 가운데 끊이지 않는다는 것입니다. 이 비밀을 잊지 않았으면 좋겠습니다. 그리고 오늘도 서로가 서로를 섬기는 마음으로 기도하기를 축복합니다.

기도는 테크닉, 시간, 방법이 아닙니다. 기도는 마음입니다.
하나님은 솔로몬의 마음에 감동하신 것입니다.

8

성령님을 구하는 기도

훈련은 제자들을 일시적으로 강하게 했지만,
성령님은 그들을 완전히 변화시켜 놓았습니다.

성령님을 만나는 기도. 이것은 저희가 정기적으로 성령 집회를
열어 온 이유입니다. 참 중요한 기도라고 생각합니다. 우리는 예
수님에 대한 정보를 아는 것으로, 또 말씀을 듣는 것으로 구원을
받는 것이 아닙니다. 우리는 거듭나야 합니다. 육으로 난 것은 하
나님 나라에 갈 수 없고, 오직 영으로 거듭나야만, 즉 성령으로만
우리 주님의 나라에 갈 수 있다고 하셨습니다. 제자들이 그토록 예
수님의 뒤를 따라다니며 3년 동안 훈련을 받았지만, 그들이 성령
을 받기 전에는 변화를 받을 수 없었고 하나님이 기뻐하시는 일을
감당할 수 없었습니다. 성령받기 전에는 기도조차도 힘들어했습
니다. 육으로 무언가를 한다는 것은 모든 것을 힘으로 해야 하는

것이었습니다. 귀신들린 자, 병든 자를 고칠 수 없었고, 하나가 될 수 없었습니다. 서로 다투기에 급급했고 어려운 일이 있을 때 그것을 감당할 힘이 없었습니다. 그래서 마지막 순간에 예수님을 버리고 다 도망했습니다.

그러나 성령을 모신 후에 그들은 매일매일 자발적으로 기도하고 예배하는 제자들이 되었습니다. 그들의 삶 가운데 치유와 기적이 매일 나타났습니다. 뜨겁게 사랑할 수 있었습니다. 예수님을 피해 도망했던 제자들이 모두 담대해져서 예수 이름을 위해 순교하기까지 이르렀습니다. 그들이 받은 훈련은 그들을 일시적으로 강하게 했지만, 그들에게 주신 성령은 그들을 완전히 변화시켜 놓았습니다. 'Transform'이라는 것은 다시는 전으로 돌아갈 수 없다는 것입니다. 물이 포도주로 변하면 다시 물로 돌아갈 수 없는 것처럼 말입니다. 이렇게 하나님께서 하시는 놀라운 일들은 우리를 잠시 훈련을 통해 어떤 모양으로 만드시는 것이 아니라 완전히 우리를 변화시키는 것입니다. 감정적으로 우리를 뜨겁게 달궈 놓는 것이 아니라 완전히 우리를 변화시킨다는 것입니다. 그래서 이러한 일을 우리가 경험할 때, 육으로 났지만 영으로 거듭날 때 우리는 비로소 하늘나라 백성이 되는 것입니다.

한밤중에 유대인 공회원이었던 니고데모가 예수님을 몰래 찾아옵니다. 그때 예수님께서 그에게 말씀하시죠. "거듭나야지만 하나님 나라에 갈 수 있다." 이것이 얼마나 중요합니까? 12살이면 모세오경을 달달 외우고, 성경의 선생님이라고 하는 그였지만 그는 구원받을 수 없는 것입니다. 우리가 얼마나 교회를 열심히 다니고, 성경을 알고, 예수님에 대해 많이 알아도 이것이 우리를 구원하지 않는다는 것입니다. 예수님과의 관계가 일어나야 예수님을 믿는 것입니다. 그리고 예수님을 믿을 때 우리 영이 거듭남을 받아야 합니다. 그래서 물과 성령으로 거듭나야 합니다.

이 성령은 예수님께서 약속하셨고, 오순절에 이 땅에 오셨습니다. 그러나 그것이 약속되었다고 해서 우리가 다 성령을 받은 것은 아닙니다. 우리가 예수님을 알지만, 그분이 이천 년 전에 이 땅에 오셨지만, 과연 그분을 만났느냐 하는 것입니다. 마찬가지로 성령님이 이천 년 전에 인류에게 오셨지만 과연 그 성령님을 만났느냐 하는 것은 정말 다른 이야기라는 것입니다. 바라기는 우리 샘물교회, 그리고 함께하시는 모든 성도님들 가운데에는 성령님을 알기만 하는 분이 없고, 모두가 성령님을 만나고 성령으로 변화받고 충만한 자 되기를 예수 이름으로 축복합니다.

그 약속하신 성령님을 우리가 어떻게 만나는가에 대한 이야기가 사도행전 1장에 기록되어 있습니다. 그 기도를 우리가 함께 살펴보겠습니다. 기도 중에서도 매우 중요한 기도죠. 예수님께서 우리에게 말씀하실 때에 "너희가 악한 자라도 좋은 것으로 자식에게 줄 줄 알거든 하물며 하늘에 계신 너희 아버지께서 구하는 자에게 좋은 것으로 주시지 않겠느냐"라고 말씀하셨습니다. 그리고 같은 말씀이 누가복음에서는 "너희가 악할지라도 좋은 것을 자식에게 줄 줄 알거든 하물며 너희 하늘 아버지께서 구하는 자에게 성령을 주시지 않겠느냐 하시니라"라고 기록되어 있습니다. 누구든지 약속을 믿고 성령을 구하는 자들은 성령을 반드시 만나고 얻게 된다는 것입니다.

사도행전 1장 12-14절
제자들이 감람원이라 하는 산으로부터 예루살렘에 돌아오니 이 산은 예루살렘에서 가까워 안식일에 가기 알맞은 길이라
들어가 그들이 유하는 다락방으로 올라가니 베드로, 요한, 야고보, 안드레와 빌립, 도마와 바돌로매, 마태와 및 알패오의 아들 야고보, 셀롯인 시몬, 야고보의 아들 유다가 다 거기 있어
여자들과 예수의 어머니 마리아와 예수의 아우들과 더불어 마음을 같이하여 오로지 기도에 힘쓰더라

여러분, 다른 길은 없습니다. 예수님이 우리에게 말씀하신 것처럼 성령님을 만나는 길은 기도하는 길밖에 없다는 것입니다. 그런데 가장 중요한 것은 제일 먼저 그들이 마음을 같이하였다는 것입니다. '기도했다'라는 단어 이전에 그들이 '합심했다'라는 단어가 나옵니다. 합심이란 마음을 같이하는 것입니다. 사실 이것이 쉬운 것은 아닙니다. 베드로는 흔들리는 리더십이고, 요한과 야고보는 베드로와 라이벌이며 비열하고 이기적인 사람들입니다. 말씀을 듣지 않는 동네에 불을 내려 달라고 한 제자들입니다. 도마는 의심 많은 사람. 마태는 세리. 셀롯인 시몬은 열심 당원입니다. 극단적인 애국 정당 사람입니다. 이것들이 의미하는 바는 이들이 하나 되기에 힘든 사람들이었다는 것입니다. 이외에도 여자들이 있습니다. 여자들이 함께한다는 것은 당시 그들의 지위를 생각할 때 굉장히 어려운 일입니다. 그 여자들 중에는 간음 현장에서 잡혔던 여인도 있습니다. 세리인 마태와 열심당원인 시몬과는 절대 함께할 수 없는 사람들입니다. 열심당원은 세리 같은 사람을 잡아다가 테러를 하는 사람들입니다. 옛날로 말하면 독립 운동가들입니다. 항상 칼을 들고 다니고 무력으로 이스라엘 나라를 회복시키려고 하는 사람들이었습니다. 그러나 세리는 로마의 앞잡이 같은 역할을 한 사람들입니다. 정말 하나님의 도우심이 없이는 하나가 될 수 없는 상황이었습니다.

그러나 이들이 하나가 되어 마음을 같이하는 일이 있었다는 것입니다. 저와 여러분이 마음을 같이하여 기도하는 것이 성령을 주시는 가장 귀한 하나님의 방법이고 길이라는 것입니다. 오늘 저희가 온라인으로 뿔뿔이 흩어져 있지만 마음을 같이하는 것입니다. 우리가 온전히 준비되기를 원하고, 성령 충만하기를 원하고, 하나님의 능력을 받기 원하는 이 일로 마음이 하나되어 기도할 때 하나님께서 저와 여러분에게 귀한 은혜를 부어 주실 줄로 믿습니다.

두 번째로 그들은 전혀 기도에 힘썼습니다. 'Constantly focused' 이 말은 삶과 장소를 구별하여 집중하였다는 것입니다. 우리가 다른 무언가를 얻어낼 때도 집중하고 구별합니다. 그런데 저는 인간이 하나님께 받을 수 있는 최고의 선물이 성령 충만이라고 믿습니다. 저 또한 하나님께 받은 최고의 선물이 성령 충만과 변화입니다.

예수님께서는 하늘로부터 권능을 힘입을 때까지 나가지 말고 전도도 말고 기다리라고 하셨습니다. 그래서 그들은 구별하며 성령님을 기다리며 기도에 힘썼다는 것입니다.

예수님이 새벽에 기도하실 때에 제자들이 따라왔습니다. 그리고 사람들이 주님을 찾는다고 했습니다. 그런데 예수님은 기도하신 후에 전도하러 다른 가까운 마을로 가셨다는 기록을 볼 수 있습니다. 이것이 중요합니다. 우리가 구별한다는 것, 기도한다는 것은 하나님의 중요한 일을 우리가 한다는 것입니다. 그렇지 않으면 우리는 사람들의 시급한 일을 먼저 하게 됩니다. 중요한 일은 무엇입니까? "너희는 오직 성령의 충만을 받으라"

심지어 제자들이 물어봅니다. "이스라엘 나라를 회복하심이 언제 일어날 것입니까?" 이것이 바로 사람들에게 시급한 일입니다. 그러나 예수님께서는 "그런 일들은 너희가 알 바 아니요 오직 너희는 성령의 충만함을 받으라" 하십니다. 주님께서 중요하다고 생각하시는 일은 우리가 날마다 성령 충만을 받는 것입니다. 예수님을 알되 아직 성령을 받지 못한 사람들에게 가장 중요한 것은 성령을 받는 일입니다. 성령의 거듭남이 단순히 은사가 나타나거나 방언을 말하거나 이러한 것이 아닙니다. 우리의 삶이 성령으로 말미암아 완전히 변화받는 것입니다. 다 설명할 수가 없습니다. 그러나 증거는 있습니다. 우리가 죄인임을 깨닫게 되고, 예수님이 믿어지게 되며, 우리가 승리하였다는 사실을 알게 됩니다. 바람이 어디에서 시작해서 어디로 가는지 모르지만 바람이 불어 간 자리가 어디인지 아는 것처럼 성령으로 난 자는 다 이와 같다고 말씀하셨습니다. 이 일이 정말 중요한 일입니다. 이 일을 위해 따로 시간을 두고, 기간을 두고, 구별하여 기도할 때 성령의 충만을 받는다는 것입니다.

그들은 기도에 힘썼습니다.

> 마태복음 7장 7-8절
> 구하라 그리하면 너희에게 주실 것이요 찾으라 그리하면 찾아낼 것이요 문을 두드리라 그리하면 너희에게 열릴 것이니, 구하는 이마다 받을 것이요 찾는 이는 찾아낼 것이요 두드리는 이에게는 열릴 것이니라

이 말씀을 하신 이유는 성령을 구하라는 것입니다. 천부께서 구하는 이에게 왜 성령을 주시지 않겠느냐는 것입니다. 그런데 어떻게 기도합니까? 오로지 기도에 힘쓰는데, 그들이 선포하며 부르짖어 기도합니다. 주의 이름을 부르며 기도합니다. 우리가 기도할 때 주의 이름을 높이며 그 이름을 부르며 기도한다는 것은 그만큼 우리가 간절하다는 뜻입니다. 초대교회가 "대주재여!" 부르며 간절히 기도하죠. 그것은 그만큼 간절하다는 것입니다. 자녀가 우는 것을 보면 얼마나 간절한지 알 수 있는 것처럼 기도의 소리를 높이는 것은 우리의 갈망이 그만큼 크다는 것을 보여 드리는 것입니다.

이렇게 성령님을 한마음이 되어 간절히 구할 때 성령께서 그들에게 약속대로 오셨습니다. 그러자 비로소 그들이 전도하고, 착한 일을 행하며, 남을 변화시키는 일에 쓰임받을 수 있었다는 것입니다.

사도행전 10장 38절
하나님이 나사렛 예수에게 성령과 능력을 기름 붓듯 하셨으매 그가 두루 다니시며 선한 일을 행하시고 마귀에게 눌린 모든 사람을 고치셨으니 이는 하나님이 함께 하셨음이라

예수님조차 하나님의 성령이 그에게 부어지셔서 착한 일을 행하시고, 두루 다니시며 마귀에게 눌린 자를 고치실 수 있으셨다는 것입니다. 그렇다면 우리 교회가 회복해야 할 것이 무엇입니까? 저와 여러분이 가는 곳마다 착한 일을 행하고, 마귀에게 눌린 자를 고칠 수 있는 유일한 약속과 능력은 성령 충만밖에는 없다는 것을 알았으면 좋겠습니다. 그리고 이 일을 위해 우리 온 교회가 항상 기도하는 교회가 되었으면 좋겠습니다.

교회에서 구원의 간증이 일어납니다. 감화 감동이 있습니다. 죄를 깨닫게 되고 주님을 영접하게 됩니다. 이 모든 것은 영적인 사건이고, 이는 성령께서 하시지 않으면 일어날 수 없는 일입니다.

구약 때에는 성부 아버지께서 말씀으로 나타나셨습니다. 그리고 예수님께서 오시면서 성자 예수님의 시대가 시작되었죠. 그러나 예수께서 하늘로 올라가시고 하나님 우편에 앉으시고 성령을 보내 주심으로 주님 다시 오실 때까지 지금은 성령 시대 가운데 있는 것입니다. 주님은 교회와 저와 여러분을 성령님께 특별히 의탁하시고 승천하셨습니다. 그런데 이 시대 가운데 우리가 성령님을 의지하지 않고 성령님으로 거듭나지 않는다면 예수님께서 왜 저와 여러분을 위해 돌아가셔야 했습니까? 우리 죄의 문제를 해결해 주신 후에 거룩한 성령님께서 저와 여러분에게 들어오시게 하기 위해 예수께서 십자가에 달리셔서 죄의 문제를 해결하셨습니다. 예전에 옷 하나 걸치지 않았던 아담과 하와가 주님과 완전한 교제를 이루었던 것처럼 주님은 그 관계를 회복하기 위하여 인류의 죄를 사하시기 위해 육신의 몸으로 이 땅에 오셔서 우리의 죄를 대신 담당하시고 우리 죄를 모두 씻어내신 것입니다.

예수님은 임마누엘이십니다. God with us. 우리와 함께하시는 하나님이십니다. 그러나 예수님은 그것을 한 단계 강화시키십니다. "이제 내가 가면 너희에게 보혜사를 보낼 텐데 그분은 우리 안에 들어와 계시는 하나님이 되실 것이다." God within us. Dwelling in us. 우리 안에 거주하시는 하나님. 바로 성령님이신 것입니다. 그런데 마지막 시대를 사는 저와 여러분이 성령님으로 거듭나지 않는다면, 성령님으로 힘입지 않는다면, 성령님을 만나지 않는다면 착한 일을 할 수도 없고 마귀에게 눌린 자를 결코 변화시킬 수 없을 것입니다. 우리에게 어떤 세련된 집회와 어떤 일들이 많다 할지라도 성령이 부어지시지 않는다면 우리는 지푸라기 같은 존재에 불과한 것입니다. 어떤 선한 열매나 간증, 결과도 성령으로 말미암지 않고는 우리 시대에 나타날 수 없습니다.

세련됨을 추구하는 것이 아니라 성령의 충만함을 받는 것. 오늘날 교회들이 잃어버린 것. 이것을 회복해야 할 줄로 믿습니다. 이것 만이 사람을 살리고 이것만이 구원을 가져오고, 이것만이 기적과 이사를 가져오는 것이죠. 기적과 이사가 무엇입니까? 표적은 누군가가 거기에 분명히 존재한다는 사인입니다. 기사는 미라클이죠. 자연 법칙에 반하는 일들입니다. 그런데 성령이 오시면 권능이 나타나 표적과 기사가 뒤따를 것이라고 했습니다. "Different source of power." "성령이 오시면 권능을 받고." 우리 몸에서 낼수 없는 다른 근원의 파워를 갖게 된다는 것입니다. 정말 연약해 보이는 사람들이 하나님의 파워를 갖게 된다는 것입니다.

표적과 기사 중 표적은 하나님이 거기 계신다고 부인할 수 없는 사실을 말합니다. 예를 들어 제 손에 이 물건이 있었는데 잠시 여기에 두고 돌아보니 이 물건이 없어진 것입니다. 그럼 누군가가 여기에 와서 가져갔다는 사실을 알 수 있습니다. 이와 같이 표적은 "저 사람에게 하나님이 함께하시는구나. 그렇지 않으면 저러한 일이 일어날 수 없다." 하는 일들이 나타나는 것입니다. 기사는 자연법칙을 뛰어넘는 일들이 성령을 통해 나타나는 것입니다. Natural한 일(자연적인 일)이 아니라 Supernatural한 일(초자연적인 일)들이 성령을 통해 저와 여러분을 통해 이 땅에 나타난다는 것입니다.

성령 충만은 방언 기도를 하고 무아지경에 들어가는 기도를 하는 것만이 아닙니다. 우리로 착한 일을 하게 하시고 마귀에게 눌린 모든 자를 고치시는 일, 이러한 놀라운 일들이 성령 충만을 통해 일어나는 일인 줄로 믿습니다.

그러므로 저와 여러분은 기도할 수 있습니다. 기도해야만 합니다. 다른 것보다 중요한 것은 성령을 받는 일입니다. 이천 년 전에 성령을 주셨지만 모두가 성령을 받은 것은 아닙니다. 지금은 예수를 아는 것과 믿는 것이 동의어가 되어 버렸습니다. 그러나 성경은 아는 것과 믿는 것을 전혀 다른 것으로 보고 있습니다. 예수를 아는 것과 성령을 받은 것을 완전히 구분 짓고 있습니다. 현대 교회는 예수님에 대해 아는 것도 믿는 것이라 하고, 교회를 나오는 것도 예수를 믿는 것이라고 합니다. 더군다나 직분이 있다면 예수를 믿은 것으로 착각하고 있습니다. 아닙니다. 예수님을 아는 것과 성령으로 거듭난 일은 전혀 다른 일입니다. 바라기는 우리 샘물 교회는 정말 한 사람도 남김 없이 성령으로 거듭난 분들이 다 되시기를 예수님의 이름으로 축복합니다.

성령을 만나기를 원하십니까? 성령을 만나신 분들은 재충만을 바라십니까? "술 취하지 말고 오직 성령의 충만을 받으라." 이 말은 성령의 지배를 받고 성령의 완전한 주도권 속에 있으라는 것입니다. 이렇게 성령 충만하여 다른 사람들을 자유케 하는 착한 일을 할 수 있는 저와 여러분이 되시기를 예수 이름으로 축복합니다. 다른 어떤 것을 받는 기도가 아니라 바로 성령을 받는 기도, 성령의 충만을 받는 기도를 위해 합심하여 오로지 이 제목으로 믿음을 가지고 기도에 힘쓸 때 여러분에게 성령 충만이 임하시기를 예수 이름으로 간절히 간절히 기도합니다.

예수님조차 하나님의 성령이 그에게 부어지셔서 착한 일을 행하시고, 두루 다니시며 마귀에게 눌린 자를 고치실 수 있으셨다는 것입니다.

그렇다면 우리 교회가 회복해야 할 것이 무엇입니까?
저와 여러분이 가는 곳마다 착한 일을 행하고,
마귀에게 눌린 자를 고칠 수 있는 유일한 약속과 능력은
성령 충만밖에는 없습니다.

9

용서하는 기도의 능력

서서 기도할 때에 아무에게나 혐의가 있거든 용서하라
그리하여야 하늘에 계신 너희 아버지께서도 너희 허물을 사하여
주시리라 하시니라

기도는 하면서도 누군가를 용서하지 못하는 일이 참 많습니다. 제 개인적으로 목회 임상 현장에서 체험하는 정말 중요한 사실이 이 있습니다. 많은 기도를 드리고 열정적인 기도를 드리는 것보다 더욱 중요한 것은 하나님의 은혜와 응답을 가로막고 있는 것이 무엇인지 깨닫고 그것을 걷어 내는 일입니다. 회개하는 것이고 버리는 일입니다. 그런데 제자의 길을 따르지 않는 사람들의 모습, 또는 제가 깨닫지 못했을 때의 모습을 보면 그냥 이러한 것들은 덮어 두는 경우가 많습니다. 열심으로 이것들을 포장하고 열정적으로 기도하면 돌파가 일어날 것이라고 생각합니다. 그러나 그렇게 되지 않습니다. 우리에게 썩어 가는 상처가 있으면 그것을 빨리 소독

하고 도려내고 치유를 받아야 합니다. 그것을 겹겹이 덮는다고 해서 결코 나아질 수 없다는 것입니다. 그래서 우리가 하나님께 나아갈 때에는 우리의 삶이 하나님께서 기뻐하시는 삶으로 변화되어야 합니다. 그것이 바로 강력한 기도 응답의 비밀입니다.

저도 예전에는 큰 소리로 소리를 지르며 땀 흘려 기도하는 것이 기도 응답을 가져오는 것이라고 생각했습니다. 그러나 예수님의 마음에 가까이 가는 것, 그리고 그분을 기쁘시게 하는 것이 큰 기도 응답의 비밀이라는 것을 점점 깨닫게 됩니다. 그 중 한 가지가 무엇이냐 하면 기도하면서 용서하지 못하는 마음을 빨리 정리해야 한다는 것입니다. 아무리 직분자라고 해도, 또 열심히 기도한다고 해도 우리 마음에 용서하지 못하는 마음이 있을 때 우리도 용서받지 못하고 기도가 열납되지 못합니다. 이 비밀을 알지만 실천하는 사람은 많지 않습니다.

예수님은 날마다 하나님께 기도할 때 우리가 서로의 죄를 사하여 준 것같이 아버지께서도 우리를 용서해 주시기를 기도하라고 가르쳐 주셨습니다. 이 말을 뒤집어 보면 "우리가 서로 용서하지 않으니 주님도 우리를 열납하지 않으셔도 됩니다."라는 무서운 말과 같습니다.

그러나 우리의 간구는 우리가 우리의 죄를 서로 사하여 준 것같이 우리의 죄를 사하여 달라는 것입니다. 남의 죄를 용서할 때 하나님과의 관계가 해결되는 것입니다. 그러나 많은 분들이 관계 속에서 기도한 것을 받는다는 것을 잊고 있는 것 같습니다. 하나님과의 관계와 상관없이 그저 열심히 기도할 때가 얼마나 많은가요? 하나님과의 관계는 어디에서 설정됩니까? 우리와의 관계입니다. 부모와 자녀와 부부간의 관계. 가까운 사람들 간에 관계가 깨어져 있습니다. 용서받을 마음도, 할 마음도 없습니다. 상처를 주고 아파하고 있는 가운데 하나님께 용서받기를 원하고 있다는 것입니다. 사도 바울은 우리에게 경고합니다.

디모데후서 3장 1-5절
너는 이것을 알라 말세에 고통하는 때가 이르러
사람들이 자기를 사랑하며 돈을 사랑하며 자랑하며 교만하며 비방하며 부모를 거역하며 감사하지 아니하며 거룩하지 아니하며
무정하며 원통함을 풀지 아니하며 모함하며 절제하지 못하며 사나우며 선한 것을 좋아하지 아니하며
배신하며 조급하며 자만하며 쾌락을 사랑하기를 하나님 사랑하는 것보다 더하며

경건의 모양은 있으나 경건의 능력은 부인하니 **이같은 자들에게서 네가 돌아서라**

여러분. 이러한 모습으로 있지 말라는 것입니다. 이러한 사람 가운데에서 똑같은 사람이 되지 말고 돌아서라는 것입니다.

> 에베소서 4장 31-32절
> 너희는 모든 악독과 노함과 분냄과 떠드는 것과 비방하는 것을 모든 악의와 함께 버리고
> 서로 친절하게 하며 불쌍히 여기며 서로 용서하기를 하나님이 그리스도 안에서 너희를 용서하심과 같이 하라

이것이 능력 있는 기도의 비밀이라는 것을 아는 사람이 많지 않은 것 같습니다. 그러나 우리는 정말 그러한 기도의 단계로 들어가기를 원합니다. 왜냐하면 용서할 때 치유가 임하기 때문입니다.

말기 암에서 아무런 수술과 항암 없이 정말 용서만으로 치유받은 분의 간증을 들었습니다. 바로 조엘 오스틴(Joel Osteen)의 어머니, 도디 여사입니다. 그 여사는 치유받은 비밀에 대해 이렇게 고백합니다.

"나는 많은 시간을 들여 자신이 용서받아야 할 일이 생각나
는 모든 사람들에게 편지를 써서 보냈습니다."

말기암 정도 되면 정말 그런 생각이 들 것입니다. "이 땅에서 용
서하지 못할 일이 무엇인가." 그런데 이 여사님은 생각을 넘어서
행동으로 옮겼습니다. 그 사람들에게 일일이 편지를 써서 보냈습
니다. 축복하고 싶지 않은 사람들을 다 축복했습니다. 그리고 이
일을 마쳤을 때 그녀의 깊은 곳에서 무언가 깨끗이 씻어지는 듯한
느낌이 들었다고 합니다. 그리고 그녀가 간증합니다.

"여러분, 용서가 바로 치유의 핵심입니다."

얼마나 많은 그리스도인들이 신앙생활은 열심히 하지만 답답한
마음과 불면증, 소화 불량, 응답의 부재, 우울증과 공황장애 가운
데 있는지 모릅니다. 그런데 이 모든 것들에 가장 깊은 곳에는 용
서하지 못하는 마음이 있다는 것입니다. 이 사실을 알지 못하는 것
같아 안타깝습니다.

예수님께서 우리를 용서하시고 십자가에서 돌아가실 때 어떠한
일이 일어났는가 성경은 잘 기록하고 있습니다.

마태복음 27장 50-54절

예수께서 다시 크게 소리 지르시고 영혼이 떠나시니라

이에 성소 휘장이 위로부터 아래까지 찢어져 둘이 되고 땅이 진동하며 바위가 터지고

무덤들이 열리며 자던 성도의 몸이 많이 일어나되

예수의 부활 후에 그들이 무덤에서 나와서 거룩한 성에 들어가 많은 사람에게 보이니라

백부장과 및 함께 예수를 지키던 자들이 지진과 그 일어난 일들을 보고 심히 두려워하여 이르되 이는 진실로 하나님의 아들이었도다 하더라

예수께서 돌아가실 때 휘장이 찢기고 하나님과의 관계가 열려 버렸습니다. 심지어 성도들의 몸이 일어나는 일이 생겼습니다. 〈벤허〉라는 영화를 보신 분이 계신가요? 예수께서 십자가에 돌아 가실 때 천둥, 번개, 지진이 일어나면서 많은 문둥병자들이 고침을 받습니다. 그러면서 벤허의 가족들도 고침을 받는 놀랍고 감격스 러운 장면이 나옵니다.

주님이 돌아가실 때 이렇게 기도하셨습니다. "아버지, 저들을 사 하여 주옵소서. 자기들이 하는 것을 알지 못함이니이다." 이렇게

용서하시는 기도를 하시고 돌아가실 때 천둥, 번개, 지진이 일어나고, 땅에 자던 자들이 일어나며, 병든 자들이 고침을 받는 놀라운 일들이 일어났습니다. 예수님의 목숨을 주시는 용서 가운데 사망 권세와 어둠의 힘이 완전히 깨지는 일이 나타났다는 것입니다. 여러분. 무덤처럼 깜깜하고 완전히 얼어붙은 우리 심령에 용서가 선포될 때, 우리가 누군가를 용서할 때 무덤이 흔들리고 사망권세가 깨어지는 놀라운 역사가 나타난다는 것입니다.

그렇기 때문에 예수님께서는 우리에게 용서하는 삶은 한 번, 두 번이 아니라 생활방식이 되어야 한다고 말씀하셨습니다. 매일 해야 한다는 것이죠. "일곱 번의 일흔 번이라도 용서하라." 왜 그래야 합니까? "너를 위해. 네가 살기 위해. 네가 용서받기 위해서라도 용서해라." 용서는 횟수로 따질 수 있는 것이 아닙니다. 용서는 믿는 자의 라이프스타일, 생활이 되어야 합니다.

에베소서 4장 26-27절
분을 내어도 죄를 짓지 말며 해가 지도록 분을 품지 말고 마귀에게 틈을 주지 말라

마귀는 용서하지 못하는 심령에 둥지를 틉니다. "예수님을 믿는

데 악한 영이 그럴 수 있나요?" 네, 그럴 수 있습니다. 용서하지 않기로 작정한 마음은 마귀가 영적으로 법적인 소유권을 가지게 됩니다. 왜냐하면 그곳은 예수님이 통치하지 않는 어두운 방이기 때문입니다. 그러므로 이 빗장을 활짝 열고 예수님의 빛이 그 안에 들어가도록 해 주어야 합니다. 그럴 때 우리 안에 숨어 있던 모든 어둠의 세력들은 끊어지고 마음이 빛 앞에 활짝 열리는 것입니다.

이유를 알 수 없는 많은 심인성 질환이 마음으로부터 시작됩니다. 그것은 어려서부터 받은 모든 아픔, 용서하지 못함, 축복하지 못하는 마음 가운데 사단이 틈타는 것입니다. 그런데 용서하는 그 순간 이 모든 닫힌 것들이 열려버리는 것입니다. 그래서 용서는 기도 응답의 비밀입니다.

마가복음 11장 25절
서서 기도할 때에 아무에게나 혐의가 있거든 용서하라 그리하여야 하늘에 계신 너희 아버지께서도 너희 허물을 사하여 주시리라 하시니라

마태복음 18장 18절
진실로 너희에게 이르노니 무엇이든지 너희가 땅에서 매면

하늘에서도 매일 것이요 무엇이든지 땅에서 풀면 하늘에서도
풀리리라

여러분, 용서가 능력 기도의 비밀입니다. 부르짖는 기도, 방언
기도가 아니라 바로 용서하는 기도가 능력입니다. 이것은 치유를
가져옵니다. 이 땅에 회복을 가져옵니다. 욥의 인생이 다시 풀리
는 과정을 보시기 바랍니다. 먼저 그에게 막말을 한 친구들을 용서
하도록 하나님이 명령하십니다. 그리고 그 친구들은 욥에게 용서
를 빌라고 명령하십니다. 그때 욥이 그들을 용서하고 축복합니다.

> 욥기 42장 7-10절
> 여호와께서 욥에게 이 말씀을 하신 후에 여호와께서 데만 사
> 람 엘리바스에게 이르시되 내가 너와 네 두 친구에게 노하나
> 니 이는 너희가 나를 가리켜 말한 것이 내 종 욥의 말 같이 옳
> 지 못함이니라
> 그런즉 너희는 수소 일곱과 숫양 일곱을 가지고 내 종 욥에
> 게 가서 너희를 위하여 번제를 드리라 내 종 욥이 너희를 위하
> 여 기도할 것인즉 내가 그를 기쁘게 받으리니 너희가 우매한
> 만큼 너희에게 갚지 아니하리라 이는 너희가 나를 가리켜 말
> 한 것이 내 종 욥의 말 같이 옳지 못함이라

이에 데만 사람 엘리바스와 수아 사람 빌닷과 나아마 사람
소발이 가서 여호와께서 자기들에게 명령하신 대로 행하니라
여호와께서 욥을 기쁘게 받으셨더라

욥이 그의 친구들을 위하여 기도할 때 여호와께서 욥의 곤경
을 돌이키시고 여호와께서 욥에게 이전 모든 소유보다 갑절이
나 주신지라

우리가 얽히면 우리가 우매한 만큼 우리 삶이 얽힌다는 것입니
다. 그러나 언제 그것이 끊어집니까? 서로 용서를 구하되, 그냥 구
하는 것이 아니라 화해의 제물을 가져가서 번제를 드리라는 것입
니다. 나만 일방적으로 하는 것이 아니라 상대방에게 용서받고 기
꺼이 축복을 받으라는 것입니다. 용서의 하일라이트는 '축복'입니
다. 여러분이 정말 마음 속에서 누군가를 용서할 수 있다면 오늘
그를 위해 축복할 수 있어야 합니다. 이것은 용서의 씨름이 끝났다
는 증거입니다.

그렇게 축복했을 때 욥의 건강, 물질, 명예가 회복됩니다. 그리
고 가족이 돌아왔습니다. 이것이 바로 회복의 순서입니다. 묶인
관계들이 풀어질 때 이러한 일들이 순차적으로 이루어졌다는 것
입니다.

우리는 매일 기도하면서 체크해 보아야 합니다. 누군가를 용서하지 못하는 것이 없는가. 누군가를 저주하고 있지 않은가. 혹은 내가 용서받아야 하지 않는가. 이것을 매일매일 우리가 점검하면 좋겠습니다.

> 마태복음 18장 33절
> 내가 너를 불쌍히 여김과 같이 너도 네 동료를 불쌍히 여김
> 이 마땅하지 아니하냐 하고

우리 안에 예수님의 용서가 은혜로 드리워져야 우리도 누군가를 용서할 수 있습니다. 용서는 우리의 힘으로 할 수 있는 일이 아닙니다. 하나님의 도우심이 필요합니다. 그래서 기도해야 하는 것입니다. "저를 향한 하나님의 은혜가 깨달아지게 해 주십시오."

우리는 이렇게 찬양합니다. "내 모습 이대로 사랑하시네." 우리는 있는 모습 그대로 주님께 사랑받기를 원합니다. 연약함 그대로 사랑받기를 원합니다. 그러나 우리는 우리 주변 사람들을 있는 모습 그대로 사랑하지 않으려 합니다. 용납하지 않으려 합니다. 이 찬양 후렴에서 우리는 주의 날개 아래 거하는 것, 주의 임재 안에 거하는 것이 소원이라고 말합니다. 그러나 우리는 가장 가까운 사

람들에게도 그 소원을 들어주지 않습니다. 우리 자녀들이 우리 날개 안에 거하도록 있는 모습 그대로 용납하고 사랑하십니까? 그런데 이것이 되지가 않습니다. 우리는 하나님께 이런 사랑을 받기를 원하면서 나아가는데 우리는 주변 사람들에게 그늘이 되어 주지 못하고 또 그와 함께 거하지를 못한다는 것입니다. 이것이 연합을 방해하고 있고 이것이 하나님께서 저와 여러분에게 주시는 큰 축복을 막고 있다는 것입니다.

무엇이든지 용서하는 마음. 이것이 능력입니다. 용서한다는 영어단어 'Forgive'에는 무언가 '내어 준다'는 뜻이 있습니다. '사면, 면제해 준다. 빚을 면제해 준다. 분노하는 것을 중단한다. 가해자의 행위를 관대히 봐주다'라는 뜻이 있다고 합니다.

여러분 저와 함께 이 기도를 오늘 드리시지 않겠습니까? 세상 어떤 기도보다 파워풀한 기도. 어떤 금식보다도 흉악한 결박을 푸는 기도. 작정기도보다도 강력한 기도. 그것은 날마다 날마다 서로의 죄를 용서해 주고 용납해 주는 것입니다. 그러기 위해 하나님의 은혜를 힘입고 성령의 도우심을 간구하는 여러분 되시기를 축복합니다. 날마다 날마다 여러분의 마음 가운데 거리끼는 일과 용납하지 못한 사람이 없는지 성령님께 여쭤보고 그런 분들을 예수님의 이름으로 축복해 보시기를 바랍니다. 여러분의 마음에 정원이 정말 천국이 되는 것을 느끼시게 될 것입니다. 순종은 어렵습니다. 그러나 순종할 힘을 주님께서 주십니다.

용서의 하일라이트는 '축복'입니다.
여러분이 정말 마음 속에서 누군가를 용서할 수 있다면
오늘 그를 축복할 수 있어야 합니다.
이것은 용서의 씨름이 끝났다는 증거입니다.
그렇게 축복했을 때 욥의 건강, 물질, 명예가 회복됩니다.
그리고 가족이 돌아왔습니다.

찬양과 감사하는 기도의 능력

"이 백성은 내가 나를 위하여 지었나니
나를 찬송하게 하려 함이니라"

매주 월요일은 저희 식구가 가족만의 오붓한 시간을 갖는 시간입니다. 집에서 음식을 하지 않고 외식을 하는데, 처음에는 저희 부부가 샀지만 이제는 일하는 자녀들이 돌아가며 사기도 합니다. 일곱 식구가 한 차로 식당에 가서 함께 먹고 마시고, 한 차로 돌아옵니다. 그 시간이 참 행복합니다. 지난 월요일에도 한 차로 돌아오는데 그 길에 노래판이 벌어졌습니다. 흥겨운 노래를 틀고 후렴 부분에서 아이들이 다 같이 소리를 지르면서 그 노래를 부르는데 부모로서 너무 감사하고 기쁘고 행복했습니다. 그러면서 이런 생각이 들었습니다. "하나님께서 우리가 찬양하고 기뻐할 때 정말 기뻐하시겠구나."

부모로서 가장 행복하고 기쁠 때가 언제일까요? 자녀들이 기뻐하고, 감사하고, 노래를 부르고, 춤을 출 때 그렇게 좋습니다. 어느 영상에서 백순 가까우신 분이 칠순, 팔순 되는 자녀가 그 앞에서 춤을 출 때 기뻐하는 영상을 본 적이 있습니다. 그 마음이 이해가 되는 것입니다.

저와 여러분이 태어나서 하나님의 은혜를 알게 되고, 부르심을 알게 되고, 구원을 받아서 예수님의 피로 씻김을 받아 주님의 아들과 딸이 되었습니다. 그런 우리가 얼굴이 죽을 상이 되어 세상 십자가 짐을 자기가 다 진 것 같은 모습으로 살아간다면 하나님의 마음이 어떠실까요? 매일 하나님 앞에 와서 울기만 한다면 하나님 마음이 얼마나 아프실까요? 때로 우는 것도 피할 순 없습니다. 그러나 우리가 감사하면서 기뻐하고 찬양하면 우리 주님이 얼마나 기뻐하실까요? 주님이 기뻐하시는 일이 우리의 능력인 줄로 믿습니다.

이사야 43장 21절
이 백성은 내가 나를 위하여 지었나니 나를 찬송하게 하려 함이니라 하나님께서 인간을 이 땅에 지으신 이유가 무엇이냐 하면 하나님의 영광을 찬양하게 하기 위해서입니다. 하나님과 사랑을 나누고, 하나님을 찬양하게 하는 것입니다. 그러나 중요한 것은 천사처럼 무조건적으로 찬양해야 하고 하나님 말씀에 복종해야 하는 것과는 다르다는 점입니다. 인형의 배꼽 버튼을 누르면 "I love you!", 사랑한다고 말하는 것은 우리에게 큰 의미가 없습니다. 가끔은 눌렀을 때 "I hate you", '미워해요'도 나올 수 있어야 하고, 때로는 누르지 않았는데도 자기 마음으로부터 고백되어야 하는 것입니다.

하나님께서는 우리에게 하나님만이 누리실 수 있는 '자유의지'를 주셨습니다. 하나님이 지으신 다른 피조물들은 하나님께 순종하고 하나님의 순리에 복종할 수밖에 없지만 인간은 하나님께만 속한 놀라운 권세를 부여받았습니다. 하나님께서 입김을 우리 가운데 불어넣어 주셔서 우리가 하나님을 사랑할 수도 있고 하나님을 미워할 수도 있는 엄청난 축복, 자유의지를 부여받았다는 것입니다. 그렇기 때문에 우리가 하나님을 예배하고 찬양하는 것이 의미가 있는 것입니다. 단순히 해야 해서 하는 것이 아니라 하나님을 향한 사랑이 넘쳐서, 다른 것이 아닌 하나님 예배하기를 선택해서 하는 것입니다. 주일날 많은 유혹과 스케줄이 있지만 성도들은 하나님께 나가기를 선택하는 것입니다. 예배를 마음으로 택하여 모인 자들이 입을 모아 두 손을 들고 노래하고 춤을 추며 하나님 사랑을 표현한다는 것이 하나님께 얼마나 큰 기쁨이 되겠는가 생각해 보시길 바랍니다. 하나님이 기뻐하시는 일은 우리에게 능력이 되는 것입니다.

> "이 백성은 내가 나를 위하여 지었나니 나를 찬송하게 하려 함이니라"

우리가 찬양하고 감사할 때 하나님께서 우리를 지으신 목적이 이루어지는 것입니다. 우리가 전도하는 이유도 결국 모든 열방과 족속이 하나님을 찬양하게 만들기 위함입니다. 그들이 예배하는 사람들이 되게 하려는 것입니다. 그래서 예배와 찬양이 우리에게 얼마나 소중한지 모릅니다. 이것을 빼앗겨서는 안 됩니다. 그리고 이것을 기쁘고 감사하게 올려드릴 때 어떤 일이 일어나는가 생각해 보면 얼마나 놀라운지 모릅니다.

첫 번째, 우리가 찬양할 때 하나님의 임재가 임합니다. 솔로몬이 성전 건축을 마치고 모든 사람이 연합하여 찬양을 올려드릴 때 하나님의 임재가 그들 가운데 임하는데 이렇게 기록하고 있습니다.

역대하 5장 13-14절

나팔 부는 자와 노래하는 자들이 일제히 소리를 내어 여호와
를 찬송하며 감사하는데 나팔 불고 제금 치고 모든 악기를 울
리며 소리를 높여 여호와를 찬송하여 이르되 선하시도다 그의
자비하심이 영원히 있도다 하매 그 때에 여호와의 전에 구름
이 가득한지라

제사장들이 그 구름으로 말미암아 능히 서서 섬기지 못하였
으니 이는 여호와의 영광이 하나님의 전에 가득함이었더라

하나님의 임재가 임하면 자연스럽게 무엇이 임하나요? 하나님
을 아는 계시가 임합니다. 그래서 하나님을 찬양하는 자리에서 하
나님을 예배하는 자들에게 영감이 생깁니다. 영적인 센스가 생깁
니다. 다윗이 어떻게 계시를 할까요? 선지자들이 어떻게 하나님에
대한 영감을 가졌을까요? 하나님의 임재를 느꼈기 때문입니다. 하
나님의 임재가 드리우는 곳에 하나님에 대한 계시가 임합니다.

이렇게 주님의 임재가 임하면 상황종료입니다. 하나님의 거룩한
임재가 있는 곳에 악신이 떠납니다. 빛이 있으면 어둠이 떠나가는
것과 같습니다. 다윗이 비파를 켜며 하나님을 찬양할 때 의도하지
않았음에도 사울 안에 역사하던 악신이 떠나가는 것입니다.

시편 8장 1-2절

여호와 우리 주여 주의 이름이 온 땅에 어찌 그리 아름다운
지요 주의 영광이 하늘을 덮었나이다

주의 대적으로 말미암아 어린 아이들과 젖먹이들의 입으로
권능을 세우심이여 이는 원수들과 보복자들을 잠잠하게 하려
하심이니이다

O LORD, our Lord, how majestic is your name in all the
earth! You have set your glory above the heavens.

From the lips of children and infants **you have ordained
praise because of your enemies, to silence the foe and the
avenger.**

어린아이의 찬양과 감사라도 하나님은 그를 통해 이렇게 놀라운
일을 하신다는 것입니다. 여러분 가정에 자녀들이 있으신가요? 찬
양하게 하십시오. 찬양을 묵상하게 하십시오. 젖먹이의 찬양으로
도 원수의 입을 다물게 하시는 것이 찬양의 비밀입니다. 그러므로
찬양을 많이 드리시면 원수가 입을 다물고 도망하게 될 것입니다.
우리에게 답답하고 눌리는 일이 있을 때 찬양해 보십시오. 그때 하
나님의 임재와 함께 어둠의 그림자는 물러가게 되는 것입니다.

찬양과 감사는 우리의 묶인 것을 풀어줍니다. 성경 곳곳에 그런 예들이 많습니다. 욥이 인생이 꼬이고 어려움 가운데 들어갔지만 하나님을 마침내 만나고 회개한 이후에 하나님을 찬양하기 시작합니다. 그 찬양이 풀리는 일에 시작입니다. 하나님과의 관계가 회복되면 사람과의 관계가 회복되고, 명예가 회복되고, 물질이 회복되고, 가정이 회복됩니다. 이 땅에 묶였던 것이 풀려나갑니다. 하나님을 예배하고 감사하면서 이 모든 일들이 시작되었다는 것입니다.

요나가 하나님께 불순종하여 물고기 배 속에 갇힙니다. 그러나 3일 후에 어떻게 다시 기회를 얻게 됩니까? 그가 물고기 배 속에서 하나님을 찬양합니다.

요나 2장 9-10절
나는 감사하는 목소리로 주께 제사를 드리며 나의 서원을 주께 갚겠나이다 구원은 여호와께 속하였나이다 하니라
여호와께서 그 물고기에게 말씀하시매 요나를 육지에 토하니라

요나가 물고기 배 속에서 소리를 발하는 것입니다. 그렇게 소리

높여 찬양할 때 주님께서 물고기를 명하사 요나를 육지에 토해 내게 하십니다. 이처럼 찬양과 감사는 돌파를 가져옵니다. 해방을 가져옵니다. 묶인 것들이 풀어지게 합니다. 그러니 우리가 찬양과 감사를 드려야 하지 않겠습니까?

찬양은 또한 부흥의 열쇠입니다.

> 사도행전 2장 44-47절
> 믿는 사람이 다 함께 있어 모든 물건을 서로 통용하고
> 또 재산과 소유를 팔아 각 사람의 필요를 따라 나눠 주고
> 날마다 마음을 같이 하여 성전에 모이기를 힘쓰고 집에서 떡
> 을 떼며 기쁨과 순전한 마음으로 음식을 먹고
> 하나님을 찬미하며 또 온 백성에게 칭송을 받으니 주께서 구
> 원 받는 사람을 날마다 더하게 하시니라

구원받은 백성이 해야 할 일은 자명합니다. 하나님을 찬양하는 것입니다. 보혈을 찬양하는 것입니다. 70-80 시대에 부흥이 일어날 때, 매일 교회에서 모여서 한 것은 보혈 찬송 밖에 없습니다. "주의 보혈 능력 있도다!"를 비롯한 보혈 메들리입니다. 보혈을 찬송하는 곳에 악령이 역사할 수가 없습니다. 악령은 언제 역사하나

요? 우리의 죄를 타고 들어와서 역사합니다. 용서하지 않는 마음을 타고 들어와 역사합니다. 죄지은 마음을 타고 역사합니다.

주님께서 말씀하십니다. "귀머거리 되게 하고 벙어리 되게 한 귀신아, 떠나가라." 어떤 질병은 의학적으로 이유가 있습니다. 그러나 어떤 질병들은 악한 영이 우리 안에 들어옴으로 말미암아 시작되기도 한다는 것을 예수님이 우리에게 말씀해 주신 것입니다. 그런데 그 귀신이 떠나갈 때 그 질병도 함께 떠나갔다는 것을 알 수 있습니다.

아프면 무조건 귀신이라고 치부하는 분들이 계십니다. 그래서 악한 영이 떠나가게 해 달라고 기도를 받아도 기분 나쁠 때가 있습니다. '깨끗하게 해 달라'고 기도받으면 내가 더럽냐는 기분이 듭니다. 그래서 매사에 아픈 분을 위해 그렇게 기도하는 것도 조심해야 합니다. 그러나 주님이 이렇게 말씀하셨습니다. 분명히 어떤 병들은 악한 영이 들어오면서 함께 들어온 병들이 있다는 것입니다. 미워하고 용서하지 않고 묶여 있는 이런 마음 가운데 사단이 죄를 타고 틈탄다는 것입니다. 그들이 우리와 관계하는 것은 죄라는 연결고리가 있기 때문입니다. 그러나 예수님의 보혈이 선포될 때 그 죄가 덮임을 받을 뿐 아니라 씻김을 받게 됩니다.

죄를 씻는 유일한 용액은 오직 예수님의 보혈밖에 없습니다. 그래서 성경에서 피라고 이야기하지 않는 것입니다. 보혈. Precious blood. 아주 귀하고 귀한 피라는 것입니다. 이를 찬양할 때 사단과 우리가 관계를 할 수 있는 매개체가 사라지는 것입니다. 우리 죄가 씻어질 때 사단이 우리 안에서 더 이상 법적인 근거를 찾지 못하고 떠나가게 되는 것입니다. 회개하고 씻김받고, 예수님의 보혈로 덮임받고, 그 보혈을 찬송하니 마귀가 우리 삶 가운데 역사할 고리가 끊어지는 것입니다.

이스라엘 백성은 유월절 어린양 사건을 통해 바로에게서, 이 세상 마귀의 손에서 놓임을 받고 난 이후에 찬양하기 시작합니다. 홍해를 건넌 후 이스라엘 백성이 자발적으로 찬양을 드렸고 이것이 성경에서 찾을 수 있는 첫 번째 찬양의 유래입니다. 구원받은 백성이 어린양의 보혈을 찬양하고, 하나님의 구원을 찬양하는 것입니다. 그때 해방, 고침, 임재, 계시, 능력이 나타납니다.

이 비밀을 알던 사람이 바로 다윗입니다. 그러니 전쟁에 나가는데 성가대를 조직하여 맨 앞에 나아가게 한 것입니다. 놀라운 일이죠. 찬양을 울리며 나가면 적들이 자기들끼리 싸우고 두려움에 빠집니다. 승리를 주는 것입니다. 하나님의 임재를 상징하는 언약궤를 들고 나가면 백전백승인 것입니다.

찬양은 부흥의 열쇠요 승리의 열쇠입니다. 초대교회가 찬양하니 주께서 구원받는 사람을 날마다 더하게 하셨습니다. 찬양은 부흥의 이유가 됩니다. 영적으로 파워풀한 교회들을 보면 찬양이 강합니다. 이것은 우연이 아닙니다. 선교 잘하는 교회들을 보면 예배가 살아 있습니다. 하나님의 역사가 강하게 나타나는 교회들을 보면 예배가 뜨겁습니다. 이와 같이 우리 교회의 예배가 부흥하게 되기를 예수 이름으로 축원합니다.

주님께서 사람을 지으신 목적은 찬양입니다. 또한 주께서는 신령과 진정으로 예배하는 자들을 찾으십니다.

요한복음 4장 23-24절
아버지께 참으로 예배하는 자들은 신령과 진정으로 예배할 때가 오나니 곧 이때라 아버지께서는 이렇게 자기에게 예배하는 자들을 찾으시느니라
하나님은 영이시니 예배하는 자가 신령과 진정으로 예배할 찌니라

날마다 예배로 시작하는 자, 하루를 예배로 마무리하는 자를 왜 하나님께서 기뻐하지 않으시겠습니까? 아침에 시작하는 찬양이 하루 종일 우리 입가에 맴돕니다. 여러분. 그럼 승리한 것입니다. 찬양으로 하나님을 높이면서 이 하루를 살아가기를 바랍니다.

찬양할 때 팁이 있습니다. 찬양할 때 그냥 "찬양합니다. 찬양합니다." 하는 것이 아니라 왜 하나님께 감사한지를 꼭 하루에 한 번씩 보시기를 바랍니다.

> 시편 103편 1-2절
> 내 영혼아 여호와를 송축하라 내 속에 있는 것들아 다 그 성호를 송축하라
> 내 영혼아 여호와를 송축하며 그 모든 은택을 잊지 말찌어다

다윗의 찬양을 하나님께서 왜 기뻐하셨는지 그 이유를 알 수 있습니다. 다윗의 찬양에는 항상 'Why', '왜'가 들어 있습니다. 나는 이 시간 왜 하나님을 찬양할까? 그 'Why'는 하나님을 깊이 생각하고 묵상하지 않으면 나올 수 없는 것들입니다.

시편 103편 3-6절

저가 네 모든 죄악을 사하시며 네 모든 병을 고치시며

네 생명을 파멸에서 구속하시고 인자와 긍휼로 관을 씌우시며

좋은 것으로 네 소원을 만족케 하사 네 청춘으로 독수리 같이 새롭게 하시는도다

여호와께서 의로운 일을 행하시며 압박 당하는 모든 자를 위하여 판단하시는도다

내가 기도하러 나가면 주님은 그보다 항상 더 좋은 것을 주신다는 것입니다. 나를 건강하게 해 주시고 나를 새롭게 하시고 내 영혼을 끌어올리시는 분이 바로 하나님이시라는 것입니다. 'Thanksgiving' 'Thanks'라는 말은 'Think'에서 나왔습니다. 생각하지 않으면 감사할 수 없는 것입니다. 어떤 사람은 감사를 잘합니다. 그 사람은 생각이 깊은 사람입니다. 생각하지 않는 사람은 감사할 수 없습니다.

시편 103편 7-12절

그 행위를 모세에게, 그 행사를 이스라엘 자손에게 알리셨도다

여호와는 자비로우시며 은혜로우시며 노하기를 더디 하시

며 인자하심이 풍부하시도다

항상 경책지 아니하시며 노를 영원히 품지 아니하시리로다

우리의 죄를 따라 처치하지 아니하시며 우리의 죄악을 따라 갚지 아니하셨으니

이는 하늘이 땅에서 높음 같이 그를 경외하는 자에게 그 인자하심이 크심이로다

동이 서에서 먼 것 같이 우리 죄과를 우리에게서 멀리 옮기셨으며

다윗은 하나님에 대해 이해하고 있었고 하나님에 대한 생각이 많았다는 것을 알 수 있습니다. 예수님을 직접 만나지 못한 다윗조차도 하나님을 이렇게 찬양하고 있습니다. 하물며 예수님을 경험한 우리는 얼마나 찬양할 것이 많습니까? 우리 죄를 아예 없는 것처럼 만들어 버리지 않으셨습니까? 우리를 의롭다 하지 않으셨습니까?

시편 103편 13-14절

아비가 자식을 불쌍히 여김 같이 여호와께서 자기를 경외하는 자를 불쌍히 여기시나니

이는 저가 우리의 체질을 아시며 우리가 진토임을 기억하심이로다

하나님이 우리를, 나를 안다는 것입니다. 다윗의 찬양을 보면 "찬양합니다. 그 이유는 이것입니다." 이렇게 구체적으로 찬양합니다. 공허한 "할렐루야"를 외치는 것이 아니라 내가 지금 이 순간 하나님을 왜 찬양하는지에 대한 제목이 분명히 있다는 것입니다. 이것은 하나님을 묵상하지 않으면 일어날 수 없는 일입니다.

여러분, 오늘 우리의 기도가 찬양으로 가득하게 되시기를 예수 이름으로 축복합니다. 여러분의 노트가, 여러분의 일기가 찬양으로 가득하기를 축복합니다. 오프라 윈프리는 하루에 세 가지 이상 감사제목을 썼다고 합니다. 그리고 그것이 자기 인생을 치유하고 완전히 바꾸어 놓았다고 고백하였습니다. 감사와 찬양이 놀라운 능력의 비결입니다. 이 시간 계신 그곳에서 하나님을 찬양하십시오. 그리고 왜 찬양하는지를 고백하십시오. 하나님께서 정말 기뻐하실 것이고 하나님의 임재가 있는 기도가 될 것입니다. 하나님의 임재 가운데 악신은 떠나고, 계시가 임하며, 돌파가 일어납니다. 오늘 이러한 역사가 있으시기를 축복합니다.

우리에게 답답하고 눌리는 일이 있을 때 찬양해 보십시오.

그럴 때 하나님의 임재와 함께 어둠의 그림자는 물러가게 되는

것입니다.

11

위기를 대비하는 기도

저와 여러분의 기도 창고는 플러스 구좌입니까,

마이너스 구좌입니까?

마태복음 13장 24-30절

예수께서 그들 앞에 또 비유를 베풀어 가라사대 천국은 좋은
씨를 제 밭에 뿌린 사람과 같으니

사람들이 잘 때에 그 원수가 와서 곡식 가운데 가라지를 덧
뿌리고 갔더니

싹이 나고 결실할 때에 가라지도 보이거늘

집 주인의 종들이 와서 말하되 주여 밭에 좋은 씨를 심지 아
니하였나이까 그러면 가라지가 어디서 생겼나이까

주인이 가로되 원수가 이렇게 하였구나 종들이 말하되 그러
면 우리가 가서 이것을 뽑기를 원하시나이까

주인이 가로되 가만 두어라 가라지를 뽑다가 곡식까지 뽑을
까 염려하노라

둘 다 추수 때까지 함께 자라게 두어라 추수 때에 내가 추숫
군들에게 말하기를 가라지는 먼저 거두어 불사르게 단으로 묶
고 곡식은 모아 내 곳간에 넣으라 하리라

이 말씀은 본래 세상과 천국에 대한 비유의 말씀입니다. 세상엔
'어떻게 이렇게 악할 수가 있을까' 하는 일들이 많이 있습니다. 그
러나 하나님은 그러한 일들을 당장에 심판하지 않고 계십니다. 예
수님은 이 비유를 통해 하나님께서 왜 악한 일들을 당장 뿌리 뽑지
않고 계시는지에 대해 말씀해 주신 것입니다. 세상에는 하나님이
뿌린 씨가 있는가 하면 원수가 뿌린 씨도 있습니다. 그런데 그러한
씨들을 하나님께서 일일이 지금 다 제거하지 않으시고 놔두시는
것은 하나님의 큰 계획, 'Big picture'가 있기 때문이라는 것입니다.
우리 믿는 사람들의 삶 가운데에도 때로는 어려움이 있습니다. 기
도해도 삶이 쉽지 않습니다. 그런데 그런 어려운 일들을 그대로 두
시는 하나님의 큰 뜻이 있다는 것입니다. 그러한 가라지들을 뽑다
가 곡식까지 뽑을까 염려한다는 맥락의 이야기입니다.

그런데 오늘 이 본문 내용에서 우리 기도생활에 큰 영감을 얻는

부분이 있습니다. 하나님께서는 우리 삶 가운데 좋은 씨를 뿌리십니다. 그런데 사람들이 잘 때 원수가 와서 곡식에 가라지를 덧뿌리고 간다는 것입니다. 이것이 세상이고 우리의 인생입니다.

싹이 나고 결실할 때에 가라지가 나기 시작합니다. 가라지는 곡식의 양분을 빼앗고, 사람이 먹었을 때에는 구토 증상과 독을 유발합니다. 또 이것은 곡식과 비슷하게 생겨서 추수 때가 되어서야 구별이 된다고 합니다. 곡식은 추수 때가 되면 알곡 때문에 고개를 숙이고, 가라지는 빳빳하게 고개를 들고 있습니다. 마치 의인과 악인의 비유는 보는 것 같지 않습니까? 그래서 추수 때에 곡식은 모아 창고에, 가라지는 모아서 불에 던지게 되는 것입니다.

이런 가라지를 누가 언제 뿌렸을까요? "주여, 좋은 씨를 뿌렸는데 가라지가 어떻게 나왔습니까?" 일꾼들이 쉬고 잘 때, 원수가 와서 씨를 뿌린다는 것입니다. 불행의 씨. 실패의 씨. 사단은 왜 우리 삶 가운데 오나요? 강도같이 빼앗고, 죽이고, 멸망시키기 위해 우리에게 찾아온다고 하였습니다. 사단이 역사하는 곳에는 항상 궁핍이 옵니다. 그리고 하나님의 축복을 빼앗기는 일들이 옵니다. 빼앗기고, 궁핍하고, 가난하고, 찌들고, 이러한 일들이 사단이 지나간 자리에 항상 남는 것입니다.

여러분, 한번 눈을 들어 세상을 보시기 바랍니다. 사단을 섬기고 우상을 섬기던 나라들의 끝을 보시기 바랍니다. 사람을 살리는 복음을 받아들이지 않고 오히려 핍박하며 교회를 대적했던 나라들의 마지막을 보시기를 바랍니다. 많은 나라들이 가난하고, 피폐하고 어려운 삶을 면치 못하고 있습니다. 사회주의, 공산주의가 처음 들어올 때에는 처음에는 굉장히 멋진 세계가 도래할 것 같았습니다. 북한도 처음 시작할 때에는 남한보다 여러가지 면에서 상황이 좋았다고 합니다. 그러나 시간이 지나면서 결국 다 피폐해지고, 사람들은 학대받고, 인권은 짓밟히는 세상이 되어 가는 것입니다. 하는 일이 자명합니다. 원수가 짓밟고 간 곳은 이러한 모습인 것입니다. 원수는 죽이러 온다고 하였습니다. 병들고, 죽게 하는 것이 사단이 하는 일입니다. 그리고 멸망시키려고 온다고 하였습니다. 육신뿐만이 아니라 우리 영혼을 지옥에 가게 만드는 일들이 사단이 지나간 자리에 항상 남아 있는 것입니다.

그런데 원수가 그 일을 언제 한다고 했습니까? 바로 사람들이 잘 때입니다. 여기 나오는 사람들은 누구를 말하나요? 일꾼들입니다. 씨앗을 뿌린 종들입니다. 그 주인의 종들이 잘 때 원수가 와서 곡식 가운데 가라지 씨를 뿌리고 갔다는 것입니다.

여러분, 가라지가 뿌려지면 이것이 우리의 삶 가운데 함께 자라납니다. 언제까지 자랄까요? 어떤 문제들은 추수 때까지 지속될 수 있다는 것입니다. 그리고 주님께서 이러한 것들을 일일이 우리 삶 가운데에서 뽑기보다는 내버려 두셔야 하는 경우가 생긴다는 것입니다.

우리가 예수님을 믿더라도 잠들어 있을 때 악한 것들이 와서 우리 인생에 가라지 씨를 뿌리고 갑니다. 그러니 어떻게 해야 할까요? 깨어 있어야 하지 않을까요? 막아야 하지 않을까요? 우리의 기도는 어려운 문제가 있을 때 하나님께 도움을 받는 그런 도구만은 아닙니다. 우리의 기도는 우리를 끊임없이 깨어 있게 만들어 줍니다. 마치 백신을 맞는 것처럼 우리 가운데 어려움이 올 때 그것을 막아 낼 수 있고 이겨 낼 수 있는 힘을 주는 것입니다.

그래서 일단 우리가 기도로 깨어 있다면 악한 것들이 우리 삶에 가라지를 뿌릴 틈이 없을 것입니다. 우리 부모들이 깨어서 영적 파수꾼이 되어 가정을 기도로 지킨다면 우리 자녀들 삶 가운데에 그런 가라지를 뿌릴 틈이 없을 것입니다. 우리 성도들과 주의 종들이 깨어서 교회를 위해 기도하는 보호망을 치고 있다면 감히 악한 영들이 와서 교회들에게 분열의 씨, 이기심의 씨, 시기의 씨들을 뿌릴 수 없을 것입니다. 혹 뿌린다고 할지라도 그것이 깊이 뿌리내릴 수 없을 것입니다. 왜냐하면 우리가 그것을 바로 볼 수 있기 때문이죠.

기도는 어려울 때 도움을 구하는 도구일 뿐 아니라 우리를 위험 가운데 보호해 주는 참 귀한 일이고 놀라운 일입니다. 저와 여러분의 기도 창고는 플러스 구좌입니까, 마이너스 구좌입니까? 예를 들어 우리가 살면서 때로는 예상치 못한 일이 발생하고 우리의 계좌에서 돈이 빠져나갑니다. 그런데 플러스로 유지되고 있는 삶은 갑작스럽게 돈이 빠져나가도 괜찮습니다. 살아갈 수 있는 여지가 남아 있죠. 그런데 마이너스통장이 되면 어떻게 되나요? 계속해서 벌금과 이자가 붙습니다. 이것을 막을 수가 없죠. 이와 같이 어려움이 닥치고서야 부랴부랴 기도하는 사람들이 많다는 것입니다. 그러나 기도는 어려움이 닥치면 하는 것이 아니라 항상 하는 것입니다. 이를 통해 우리는 어려움을 예비할 수 있습니다.

문제를 당한 이후부터 하나님과의 관계를 쌓으려고 한다면 기도의 시동도 잘 걸리지 않고, 어려움은 어려움대로 다 당하게 되고, 얼마나 땅을 치고 후회할 때가 많습니까? 기도를 평상시에 항상 하는 사람들에게는 어려움이 와도 뿌리를 내리지 못합니다. 그리고 그런 사람들은 놀라지도 않습니다.

예를 들어 다니엘을 보십시오. 그는 하루 세 번씩 일정하게 하나님과 관계를 유지하는 사람이었습니다. 그런데 그에게도 똑같이 어려움이 왔습니다. 기도한다고 해서 어려움이 오지 않는 것은 아닙니다. 그러나 어려움이 올지라도 문제가 문제가 되지 못한다는 것입니다. 왜일까요? 그 문제를 튕겨 내기 때문입니다. 그리고 그 문제가 오히려 하나님의 영광을 드러내는 간증이 될 뿐입니다.

기도하는 사람에게나 안 하는 사람에게나 문제는 똑같이 옵니다. 그러나 기도하는 사람에게는 문제가 문제가 되지 않고 간증이 된다는 것입니다. 그의 영적인 구좌에는 잔고가 플러스로 넘치고 있는 것입니다. 이겨 나갈 수 있고, 싸울 수 있고, 승리할 수 있다는 것입니다. 그러나 하나님과의 관계가 마이너스인 구좌 상태에서 어려움이 들어오면 어떻게 됩니까? 문제가 크게 발생합니다. 그리고 어떤 문제는 예수 믿고 구원을 받았다 하더라도 추수할 때까지 계속 가져가게 되는 문제로 발전할 수 있다는 것입니다.

어떤 일들은 기도로 막을 수 있으나, 어떤 일들은 막을 수가 없습니다. 예를 들어 예수를 믿고 구원받은 가정도 깨질 수 있습니다. 예를 들어 제가 이성 문제에서 실수를 하고 죄를 지어 가정이 깨어지게 되었다고 해 보겠습니다. 그러면 이로 말미암아 내 가족들, 자녀들에게 주는 상처와 아픔은 주님 오시는 날까지 가지고 가게 된다는 것입니다. 회개해서 용서는 받지만 인생에 깊은 후회와 상처를 남기게 되는 것이죠. 그런 일들을 예비하는 것이 기도의 힘이고, 하나님과의 관계의 힘입니다.

다윗이 순간 방어막을 내려놓자 유혹을 당하고 인생에서 겪지 않아도 될 큰 아픔을 겪습니다. 그의 어린 아들이 죽게 됩니다. 그리고 선지자가 와서 말하기를 당신의 집안에는 칼이 끊이지 않을 것이라고 합니다. 당신의 충성된 부하를 거짓말하고 억울하게 죽였기 때문에 죄는 용서받을지 모르나 당신의 집안에 칼이 끊이지 않을 것이라고 말합니다. 그래서 그의 자녀들은 서로 강간하고 살인하는 사건이 발생합니다. 맏아들이 아버지를 죽이려고 쫓아다닙니다. 가슴 아프게 이것들을 일생 지고 가는 것입니다. 이것이 가라지의 아픔입니다.

많은 우리 성도님들이 겪지 않아도 되는 아픔을 겪으며 살고 있습니다. 그런데 많은 것들은 우리가 깨어 기도하지 않고 있을 때 사단이 와서 우리에게 뿌리고 간 가라지 씨의 열매라는 것입니다.

그렇기 때문에 늘 깨어서 항상 기뻐하고, 범사에 감사하고, 쉬지 않고 기도하는 것이 우리를 향하신 주님의 뜻이라고 말씀하십니다. 기도는 정말 위험을 예비할 수 있는 참 하나님의 선물입니다.

시편 1편에 나오는 복을 보시기 바랍니다. 주님의 복 안에 있는 사람들은 악인의 꾀를 좇지 않습니다. 죄인의 길에 서지 않습니다. 나쁜 사람들을 분별해 낼 수 있는 것입니다. 오만한 자의 자리에 앉지 않습니다. 쉽게 말하면 망할 자리에 가지 않는다는 것입니다. 이는 하나님께서 교만한 자를 반드시 멸하시기 때문입니다. 의인은 자리를 구분합니다. 성도들도 가만 보면 시험 잘 드는 분들이 비슷한 분들과 함께 모입니다. 신기하죠? 그렇게 모여 있다가 함께 시험 들고 어려움을 당하는 일들을 보게 됩니다. 믿음의 길로, 영적으로 밝고 빛된 길로 찾아가야 할 텐데 택시 타고 가서 사기당하는 것이죠. 그러나 의인은 어떤가요? "시냇가에 심은 나무처럼 마르지 않고 형통함이니라." 시냇가에 심은 나무도 뜨거운 햇살을 경험합니다. 그러나 시냇가에 심겨 있기 때문에 마르지 않습니다. 위기가 문제가 되지 않습니다. 그는 승자가 될 것이고 열매를 자랑하게 될 것입니다. 이것이 기도하는 사람과 기도의 불이 죽은 사람과의 차이입니다.

"목사님, 저는 기도하는데 왜 이런 일이 제 삶에 일어납니까?" 이렇게 질문하는 분들에게 저는 말씀드리고 싶습니다. 만일 기도하지 않았다면 지금 그 일이 어떻게 되었을까요? 그나마 기도하고 있었기 때문에 이 정도로 막아진 것 아닐까요? 어려운 일이 있어도 여러분이 기도하고 있다면, 여러분의 기도의 구좌가 플러스로 넘치고 있다면, 주님과의 관계가 깊은 관계로 진행되고 있다면 여러분은 걱정하지 마시기를 바랍니다. 평안을 누리시기를 바랍니다. 씨가 떨어졌다 할지라도 뿌리 내리지 못하고 오히려 하나님의 영광의 간증으로 바뀌게 될 줄로 믿습니다.

그래서 기도는 항상 쉬지 않고 하는 것입니다. 그리고 말씀드리고 싶은 것은 기도가 우리 삶에 가장 좋은 투자라는 것입니다. 기도하고, 하나님께 맡겨 드리는 것입니다. 기도는 무엇을 받는 수단이 아니라 하나님과의 관계입니다. 이 관계 속에 계신 분들은 어려움이 올 때 이겨 내실 수 있고, 원수가 와서 우리 인생에 씨를 뿌리는 것을 분별하고 막아 낼 수 있다는 것입니다. 이 놀라운 기도. 여러분, 오늘부터 시작하지 않으시겠습니까? 또 주변에 기도가 필요한 분들이 보이시죠? 그분들에게 함께 나누고 기도의 자리를 격려하시지 않겠습니까? 기도의 자리에 계신 여러분. 여러분에게 어떠한 문제가 있다 할지라도 지속적으로 기도의 자리에 계신 여러분은 하나님의 복을 받은 사람이고, 그의 보호하심 가운데 계시는 분들입니다. 그 시간이 아침이건 저녁이건, 우리 주님과 동행하시는 귀한 기도의 시간이 여러분 삶에 끊이지 않기를 예수 이름으로 축원합니다.

기도하는 사람에게나 안하는 사람에게나
문제는 똑같이 찾아옵니다.
그러나 기도하는 사람에게는 문제가 문제로 남지 않고
간증이 됩니다.

⟨12⟩

만남을 위한 기도의 중요성

한 번의 좋은 만남이 인생의 돌파를 가져올 수 있고,
한 번의 잘못된 만남이 인생을 비참하게 만들 수도 있는 것입니다.
그래서 우리는 만남을 위해 기도하지 않을 수가 없습니다.

형통과 만남은 우리 인생에서 정말 중요한 일입니다. 우리 인생
은 하나님이 주시는 만남의 복을 통해 세워진다고 생각합니다. 인
생에서 가장 중요한 것은 일단 하나님과의 만남입니다. 그것이 바
로 모든 복의 시작인 것입니다. 그리고 또 인생에서의 절반의 축
복, 저는 그것이 배우자와의 만남이라고 생각합니다. 또 좋은 선
생님과의 만남, 멘토와의 만남, 좋은 친구들, 동역자들과의 만남이
필요합니다. 목사는 좋은 성도님들과의 만남이 필요하고, 저는 그
복을 누리고 있습니다. 또 성도님들에게는 좋은 목자, 좋은 코치,
좋은 목사님들을 만나는 것이 축복이라고 할 수 있습니다. 회사는
좋은 직원을 만나야 하고, 직원은 좋은 상사를 만나는 것이 큰 복

입니다. 한 번의 만남이 엄청난 돌파를 가져올 수 있고, 한 번의 잘 못된 만남이 인생을 비참하게 만들 수도 있는 것입니다. 그래서 우리는 만남을 위해 기도하지 않을 수가 없습니다.

성경은 만남을 위해 기도해야 한다는 것을 보여 주고 있습니다. 아브라함이 아들 이삭의 아내를 준비하는 과정은 하나님의 만남의 복이 얼마나 중요한지 우리에게 보여 줍니다.

> 창세기 24장 1-4절
> 아브라함이 나이가 많아 늙었고 여호와께서 그에게 범사에 복을 주셨더라
> 아브라함이 자기 집 모든 소유를 맡은 늙은 종에게 이르되 청하건대 내 허벅지 밑에 네 손을 넣으라
> 내가 너에게 하늘의 하나님, 땅의 하나님이신 여호와를 가리켜 맹세하게 하노니 너는 내가 거주하는 이 지방 가나안 족속의 딸 중에서 내 아들을 위하여 아내를 택하지 말고
> 내 고향 내 족속에게로 가서 내 아들 이삭을 위하여 아내를 택하라

아브라함이 하나님의 복을 누린 후에 생각한 것은 바로 아들에

게 영적인 복과 약속이 이어지도록 하는 것입니다. 아브라함은 이 일이 믿음의 경건한 며느리를 맞이할 때 가능할 것이라는 생각을 하였습니다. 그래서 기력이 쇠하기 전에 모든 소유를 맡은 늙은 종에게 중요한 일을 맡기고 있는 것입니다. 히브리인들은 아주 중요한 맹세를 할 때 허벅지 밑에 손을 넣고 맹세했습니다. 아브라함이 그렇게 그 종에게 맹세하게 한 것입니다. 종이 질문합니다.

5절
종이 이르되 여자가 나를 따라 이 땅으로 오려고 하지 아니하거든 내가 주인의 아들을 주인이 나오신 땅으로 인도하여 돌아가리이까

그러자 아브라함이 대답합니다.

6-9절
아브라함이 그에게 이르되 내 아들을 그리로 데리고 돌아가지 아니하도록 하라
하늘의 하나님 여호와께서 나를 내 아버지의 집과 내 고향 땅에서 떠나게 하시고 내게 말씀하시며 내게 맹세하여 이르시기를 이 땅을 네 씨에게 주리라 하셨으니 **그가 그 사자를 너보**

다 앞서 보내실지라 네가 거기서 내 아들을 위하여 아내를 택할지니라

만일 여자가 너를 따라 오려고 하지 아니하면 나의 이 맹세가 너와 상관이 없나니 오직 내 아들을 데리고 그리로 가지 말지니라

그 종이 이에 그의 주인 아브라함의 허벅지 아래에 손을 넣고 이 일에 대하여 그에게 맹세하였더라

아브라함은 약속의 땅은 가나안이니 이삭을 데려가지 말고 이쪽으로 올 사람을 택하라고 말합니다. 이 말씀에는 굉장히 큰 믿음이 나오고 있습니다. 아브라함은 하나님께서 그에게 사명을 주셨기에 그 사명을 이루기 위해서 하나님이 그의 아들에게 반드시 귀한 아내감을 주실 것이라고 믿고 있는 것입니다. '나에게 하나님이 복을 주셔서 내가 본토 친척 아비 집을 떠났고, 내 인생을 돌아볼 때 하나님은 나를 붙드셨고 인도하셨다. 그렇다면 반드시 예비하신 여인이 있을 것이다.'

여러분. 이런 믿음이 저와 여러분에게 있었으면 좋겠습니다. 그냥 나이가 찼으니까 우리 자녀가 결혼해야 할 텐데가 아니라, "하나님! 이 믿음의 유산이 이어지기를 원합니다. 왕년에 제게 주셨

던 하나님의 꿈과 비전이 내 자녀 손을 통해 확장되기를 원합니다." 하고 구하기를 바랍니다.

아브라함은 "하나님, 제게 이러한 사명을 주셨는데 그 뜻을 이룰 만남이 필요합니다. 동역자가 필요합니다." 이러한 믿음의 기도로 나아가고 있는 것입니다. 하나님께서 명령을 하셨으면 그 일을 이룰 사람들을 보내실 것이라는 믿음인 것입니다. 7절 말씀을 보면 아브라함은 매우 확신에 차 있다는 것을 알 수 있습니다. 하나님께서 명령하셨고 지금까지 도우셨으므로 아들을 위한 짝도 준비되어 있을 것이라는 것입니다.

10-12절
이에 종이 그 주인의 낙타 중 열 필을 끌고 떠났는데 곧 그의 주인의 모든 좋은 것을 가지고 떠나 메소보다미아로 가서 나홀의 성에 이르러

그 낙타를 성 밖 우물 곁에 꿇렸으니 저녁 때라 여인들이 물을 길으러 나올 때였더라

그가 이르되 우리 주인 아브라함의 하나님 여호와여 원하건대 오늘 나에게 순조롭게 만나게 하사 내 주인 아브라함에게 은혜를 베푸시옵소서

그 당시 중동에서는 선선해지는 저녁에 물을 길으러 나왔습니다. 그 시간에 아브라함의 종이 우물가에 이르러 기도했습니다.

하나님께서 주시는 만남의 복이 있습니다. 상사를 만나는 복, 직원을 만나는 복, 동역자를 만나는 복, 친구를 만나는 복, 선생님을 만나는 복, 특별히 배우자를 만나는 복. 이 복을 어떨 때 하나님께서 주시나요? 기도할 때 주신다는 것입니다. 그리고 기도할 때 받아야 이것이 귀한 줄을 안다는 것입니다. 아무리 예비된 복도 우리가 기도할 때 주신다는 것입니다.

잠언 3장 6절
너는 범사에 그를 인정하라 그리하면 네 길을 지도하시리라
In all your ways acknowledge him, and he will make your
paths straight.

하나님께서 네 길을 곧게 하신다는 것입니다. 만남의 축복이라는 게 바로 이런 것입니다. 우리가 하나님의 명령도 받았고, 사명도 받았습니다. 그런데 어떤 사람은 시간을 낭비하고, 사람에게 지치고, 좌로 우로 흔들리고, 꼬불꼬불 그 길을 돌아갑니다. 그러나 어떤 사람은 좌우로 치우치지 않고 대로를 가듯이 가는 사람이 있

습니다. 하나님께서 되게 하시는 인생인 것입니다. 모든 일에 하나님을 인정한 결과입니다. 그렇다면 범사에 그분을 인정하는 것이 무엇일까요? 간구하는 삶, 기도하는 삶인 것입니다.

종이 기도합니다. 그는 참 지혜롭습니다. 거룩한 여인을 구하기 위해 주인의 고향으로 갔고, 건강한 여인을 구하기 위해 그것을 시험해 볼 만한 우물가에서 구하고 있습니다. 병들어 누운 자가 아니라 건강해서 물을 길으러 나올 수 있는 여인을 찾은 것입니다. 뿐만 아니라 아름다운 마음씨를 위해 시험합니다. "물동이를 기울여 나로 마시게 하라." 그리고 그렇게 말하기 전 이렇게 기도했습니다. "내가 물을 달라 할 때 내가 말하지도 않았는데 내 낙타들까지 먹이겠다고 하는 여인이 그 여인인 줄 알겠습니다." 여러분, 이것이 쉬운 일이 아닙니다. 그 당시에는 깊은 우물에서 물을 끌어올려서 길었습니다. 그런데 목마른 낙타 한 마리가 한 번에 10gallon 이상의 물을 마신다고 합니다. 10마리의 낙타를 보고 그 낙타들에게도 물을 마시게 하겠다고 할 수 있는 것은 보통 마음씨가 아닌 것입니다.

이 종은 거룩한 여인, 건강한 여인, 마음이 아름다운 여인을 구하기 위해 하나님과 대화하고 기도하고 있습니다. 그리고 그 기도의 결과는 말을 마치기도 전에 리브가가 나타나는 것으로 이어집니다.

　15-16절
　말을 마치기도 전에 리브가가 물동이를 어깨에 메고 나오니 그는 아브라함의 동생 나홀의 아내 밀가의 아들 브두엘의 소생이라
　그 소녀는 보기에 심히 아리땁고 지금까지 남자가 가까이 하지 아니한 처녀더라 그가 우물로 내려가서 물을 그 물동이에 채워가지고 올라오는지라

　첫 번째 기도제목이 바로 이루어지는 것입니다. 그녀는 아브라함의 친척이었습니다. 더불어 종이 하나님께 구하지 않은 아름다움까지 주셨습니다. 이제는 종이 작전을 시작하여 달려가 물을 좀 달라 합니다.

　17-21절
　종이 마주 달려가서 이르되 청하건대 네 물동이의 물을 내게 조금 마시게 하라
　그가 이르되 내 주여 마시소서 하며 급히 그 물동이를 손에

내려 마시게 하고

　마시게 하기를 다하고 이르되 당신의 낙타를 위하여서도 물을 길어 그것들도 배불리 마시게 하리이다 하고

　급히 물동이의 물을 구유에 붓고 다시 길으려고 우물로 달려가서 모든 낙타를 위하여 긷는지라

　그 사람이 그를 묵묵히 주목하며 여호와께서 과연 평탄한 길을 주신 여부를 알고자 하더니

이 종은 시간을 낭비하지 않고 하나님께서 택하신 여인을 만날 수 있었습니다. 그리고 하나님께서 평탄한 길을 주셨다는 것을 깨달을 수 있었습니다. 이 모든 일은 기도했기 때문에 가능한 것입니다. 기도했기 때문에 이러한 만남을 하나님의 축복으로 알 수 있었다는 것입니다. 만남이 바로 이러한 축복입니다. 이렇게 그 종은 합당한 여인을 만나게 되었습니다.

　26-27절

　이에 그 사람이 머리를 숙여 여호와께 경배하고

　이르되 나의 주인 아브라함의 하나님 여호와를 찬송하나이다 나의 주인에게 주의 사랑과 성실을 그치지 아니하셨사오며 여호와께서 길에서 나를 인도하사 내 주인의 동생 집에 이르

게 하셨나이다 하니라

"하나님, 어떻게 이렇게 세밀하고 완벽하십니까? 우리 주인이 기도한 대로, 제가 기도한 대로, 그 이상을 주고 계십니다." 종은 이렇게 하나님을 경배하고 찬양하고 있습니다.

이제 종이 그 여인의 집으로 찾아갑니다. 그 가족을 만나 자초지종을 설명하니 그 여인의 가족도 모두 감동하였고, 무엇보다도 한 번도 남편감을 보지 못한 리브가도 마음이 감동하여 바로 길을 떠나기로 결심합니다.

59-60절
그들이 그 누이 리브가와 그의 유모와 아브라함의 종과 그 동행자들을 보내며
리브가에게 축복하여 이르되 우리 누이여 너는 천만인의 어머니가 될지어다 네 씨로 그 원수의 성 문을 얻게 할지어다

리브가가 떠날 때에 그 가족이 리브가를 축복합니다. 그런데 아브라함을 통해 주신 메시야의 축복을 알지도 못하는 사람들이 기도 중에 그리스도의 예언을 선포하고 있습니다. 예언의 문, 계시가

열린 것입니다.

63-67절

이삭이 저물 때에 들에 나가 묵상하다가 눈을 들어 보매 낙
타들이 오는지라

리브가가 눈을 들어 이삭을 바라보고 낙타에서 내려

종에게 말하되 들에서 배회하다가 우리에게로 마주 오는 자
가 누구냐 종이 이르되 이는 내 주인이니이다 리브가가 너울
을 가지고 자기의 얼굴을 가리더라

종이 그 행한 일을 다 이삭에게 아뢰매

이삭이 리브가를 인도하여 그의 어머니 사라의 장막으로 들
이고 그를 맞이하여 아내로 삼고 사랑하였으니 이삭이 그의
어머니를 장례한 후에 위로를 얻었더라

마침 이삭이 그 어머니를 장례하고 나서 마음이 외롭고 쓸쓸할
때에 맞춰서 리브가가 들어왔고 이삭에게 위로를 주었습니다. 그
리고 그들이 메시야의 조상이 되었습니다. 이것이 바로 하나님의
만남을 형통케 하시는 축복입니다. 우리의 만남 하나하나가 얼마
나 소중한지 모릅니다. 왜냐하면 기도하고 만난 사람들은 정말 특
별한 사람들이기 때문입니다. 기도하고 만난 교회는 특별한 교회

입니다.

제게 간증이 있습니다. 제가 미국에 처음 왔을 때 미국에서 제가 아는 사람은 단 한 명도 없었습니다. 아내 쪽 지인은 있었지만 제가 아는 지인은 한 명도 없었습니다. 그런데 지금 돌이켜 보면 얼마나 하나님께서 많은 만남의 축복을 주셨는지 모릅니다. 최근에 동부에서 오신 한 목사님을 만났습니다. 그분이 우리의 사역을 가만히 보면서 '어떻게 저렇게 좋은 동역자들의 축복을 가졌을까?' 하는 질문이 생겼다고 하셨습니다. 물론 하루 이틀에 이루어진 것이 아닙니다. 오랜 시간 동안 한 분 한 분 주님께서 택하신 자들을 제가 만날 수 있어서 제가 이 자리에 있는 것입니다.

제가 포기하고 도망가고 싶을 때 하나님께서는 기도에 응답하셔서 훌륭한 미국 교회 목사님을 만나게 하시고 다시 한 번 일어날 수 있는 힘을 주셨습니다. 기반을 주셨습니다. 또 그 무엇보다 제 인생을 돌아보고 이 개척교회 20년 목회를 돌아보면 하나님께서 이 모든 일을 할 수 있도록 축복을 주신 것은 배우자의 복이 아니었으면 불가능했다는 것을 깨닫습니다. 그런데 그 배우자를 어디서 주셨냐 하면 제 아버지께서 개척하신 작은 상가의 개척교회에서 만난 것입니다.

이번에 개척한 한국 샘물교회 여자 청년분께서 등록을 망설였습니다. 결혼을 해야 하는데 개척교회에서 만날 수 있을까 하는 고민이었습니다. 그래서 제가 전화 통화로 격려했습니다. "제가 제 아내를 개척교회에서 만났습니다." 그래서인지는 모르지만 그다음 주에 등록을 하시고 개척 멤버가 되셨습니다. 축복합니다. 제가 부담이 생겼습니다. '우리 자매님에게 귀한 만남을 허락해 주시옵소서!'

제가 누리는 모든 복은 하나님의 만남의 복입니다. "100명의 기도 용사를 주십시오, 추수의 100명의 일꾼들을 주십시오."라고 기도했는데, 한 분 한 분을 얼마나 놀랍게 보내 주셨는지 모릅니다. 여러분, 이것이 만남의 축복입니다. '너는 범사에 그를 인정하라. 그리하면 네 길을 지도하시리라.'

성경은 만남의 축복으로 가득합니다. 요셉이 잡혀갔을 때 사람들이 여호와께서 그와 함께하심을 보며 여호와께서 그를 범사에 형통케 하심을 보았다고 나옵니다. 어디를 가든지 여호와께서 그와 함께하신 것입니다. 윗사람들에게도 호의를 얻게 하시고, 동료들에게도 사랑을 받게 하시는 것. 이것이 바로 하나님의 만남의 축복입니다.

베드로는 기도하다가 환상을 보고 고넬료를 만나게 되었습니다. 고넬료도 기도하는 중에 베드로를 만나게 된 것입니다. 바울도 눈이 멀어 기도하고 있는데 아나니아도 똑같이 기도하다가 바울을 만나게 되는 것입니다. 아나니아를 통해 바울의 눈에 비늘을 벗겨 주신 것입니다. 여러분, 우리가 기도할 때 전도 대상도 만나게 됩니다. 기도할 때, 하나님의 사람들을 만나게 됩니다. 기도할 때만 만날 수 있는 사람이 있고, 기도할 때만 열리는 하나님의 축복이 있습니다. 기도할 때만 얻을 수 있는 물질이 있습니다. 그렇기 때문에 저와 여러분은 그 만남을 위해 기도해야 할 줄로 믿습니다. 왜냐하면 저와 여러분은 사명을 받은 사람들이고, 그 사명을 이루기 위한 오늘 하루, 우리 인생이라는 시간은 제한되어 있기 때문입니다. 그 가운데 하나님의 형통한 복이 필요합니다. 그 짧은 시간 동안 좌로나 우로나 치우치지 않고 하나님의 사명을 이루기 위해서는 하나님의 복된 사람들과의 만남으로 뭉쳐져야 합니다. 여러분에게 그런 축복이 있으시기를 이 시간 예수님의 이름으로 간절히 축복합니다.

여러분의 자녀들을 위해, 동역자를 위해 기도하십시오. 그리고 최고의 동역자인 배우자를 위해 기도하시기를 바랍니다. 제 부모님께서 제가 아주 어렸을 때부터 이를 위해 기도해 주셔서 감사합니다. 그리고 지금도 매일매일 저를 위해, 제 목회를 위해 기도해 주십니다. 저를 대적하는 자가 아니라 동역할 자를 순적히 만나게 해 달라고 기도해 주십니다. 만남의 축복, 성도들의 축복을 위해 기도해 주시고 저는 그 축복을 지금 누리고 있습니다. 이로 인해 감사하고 이를 주신 하나님을 경외하며 경배합니다. 가장 필요한 시기에 한 명 한 명의 필요한 동역자들을 허락해 주신 하나님을 찬양합니다. 우리 동역자들, 스텝 여러분을 축복합니다. 여러분의 삶에도 이러한 만남의 축복이 넘치시기를 예수님의 이름으로 기원하고 축복합니다.

기도할 때만 만날 수 있는 사람이 있고,
기도할 때만 열리는 문이 있습니다.

집중과 기다림의 기도원리

우리가 솟아 오르고, 이기고, 응답을 받을 때에는
추진력이 필요합니다.
고밀도로 집중하는 기도의 시간이 필요합니다.

성경에서 기도가 응답되는 때를 보면 항상 기도의 마지막 단계
에서는 집중하는 기도가 행해집니다. 하나님께서 아브라함을 75
세 때 부르시고 아들을 약속하십니다. 그리고 100세가 되어서야
약속하신 아들을 주십니다. 그런데 이 25년의 시간 가운데 마지막
1년이 정말 중요한 시간입니다. 물론 주님과 동행한 25년이 모두
중요합니다. 그 시간 동안 준비된 과정이 굉장히 중요합니다. 그
러나 응답의 계절 직전 1년 동안은 하나님께서 아브라함으로 하여
금 굉장히 집중하여 기도하도록 하십니다. 성경에는 이러한 패턴
이 있습니다. 저는 이과 출신이라서 그런지 이러한 '패턴'을 좇는
것을 재미있어합니다. 성경에 보면 하나님께서 약속한 것들이 이

루어지는 마지막 순간에는 굉장히 집중하게 하시는 시간이 있다는 것을 발견하게 됩니다. 그래서 이렇게 하나님께서 마지막에 집중하게 하시는 일들에는 어떠한 것들이 있는가 살펴보기를 원합니다.

아브라함에게 하나님이 나타나셔서 말씀하십니다.

> 창세기 17장 15-16절
> 하나님이 또 아브라함에게 이르시되 네 아내 사래는 이름을 사래라 하지 말고 사라라 하라
> 내가 그에게 복을 주어 그가 네게 아들을 낳아 주게 하며 내가 그에게 복을 주어 그를 여러 민족의 어머니가 되게 하리니 민족의 여러 왕이 그에게서 나리라

하나님께서 아브라함에게 아들을 주시기 직전에 하나님께서 아브라함에게 명하신 것이 두 가지 있습니다. 모든 남자들이 할례를 받으라는 것과 이름을 바꾸라는 것입니다. '아저씨'라는 뜻의 '아브람'에서 '열방의 아비'라는 뜻의 '아브라함'으로 이름을 바꾸라고 하십니다. 아내도 이름을 '사래'라고 하지 말고 '사라'라고 하라고 말씀하십니다. 사라는 '존귀한 여인', 또는 '공주'라는 뜻이 있습니다.

90대 할머니에게 적합한 이름은 아니죠. 그리고 자식이 한 명 없는 아저씨에게 '많은 이들의 아비'라는 이름도 적합한 이름이 아닙니다. 그러나 하나님은 이것을 명하시는 것입니다.

저는 이것이 집중의 원리라고 생각합니다. 1년 동안 집중적으로 하나님의 약속을 바라보게 하는 것입니다. 불가능한 자기 육체와 환경을 바라보는 것이 아니라 응답을 주시고 기적을 일으키시는 하나님을 집중적으로 바라보는 시간이 응답의 계절에 항상 있더라는 것입니다.

여러분, 생각해 보십시오. 어떻게 집중하게 되나요? 하루에도 몇 번씩 그 이름을 부르는 것입니다. 그리고 그 이름 속에 하나님의 약속이 담겨 있는 것입니다. "나는 자녀가 한 명도 없는 사람이 아니라 많은 이들의 아비가 될 것입니다."라고 선포하는 것입니다. 사라도 마찬가지입니다. 여성으로서 자식을 낳지 못하니 자존감이 낮아져 있는 사라에게 '존귀한 여인', '복받은 여인'이라는 이름으로 치유하시고 만져 주시는 것입니다. 집중적으로 치유가 이루어지는 것입니다.

또 '할례'라는 것은 무엇입니까? 남자의 중요한 부분에 마크를 하는 것입니다. 지금처럼 수술 장비가 잘되어 있거나 마취를 할 수 있는 상황이 아니죠. 그 당시 수술 도구라는 것은 날카로운 차돌 같은 것이 아니겠습니까? 구약 성경에 할례에 대한 내용이 나오는 것을 보면 모두 날카로운 차돌로 수술을 했다고 나옵니다. 여러분, 생각해 보세요. 이것은 쉬운 것이 아닙니다. 왜 하나님은 하필 많고 많은 곳 중에 그곳에 마크를 하라고 하실까요? 저는 이것이 '집중'이라고 생각합니다. 생명의 근원, 힘의 근원에다가 칼을 긋고 약속만 의지하는 겁니다. 매일 하루에도 몇 번씩 볼일을 보면서 그 상처를 보게 됩니다. 그러면서 그 하나님의 마크, 약속을 생각하는 것입니다. "그래, 우리는 할 수 없지만 하나님께서 하신다고 하셨지. 그리고 이 약속을 주셨지." 하며 하루에도 몇 번씩 그 약속을 바라보는 것입니다.

그러한 일들이 있은 후에 1년이 못 되어 25년간 기다렸던 독생자, 이삭을 하나님께서 주셨습니다. 할렐루야! 이것이 집중의 원리인 것입니다. 성경에는 이러한 패턴이 반복됩니다. 하나님께서는 무언가 주실 때 우리가 굉장히 하나님의 약속에 집중하는 시간을 갖도록 만드십니다. 믿음을 증폭시키십니다.

이스라엘 민족에게 보여 주신 것도 마찬가지입니다. 그들이 40

년 광야 생활 후에 약속의 땅 가나안으로 갈 때 여리고성이 그들을 가로막고 있었습니다. 그런데 그 성을 치는 방법은 다른 것이 아니라 매일매일 그 성을 조용히 한 바퀴씩 도는 것이었습니다. 그러다가 일곱 번째 날에는 일곱 바퀴를 돌며 다 함께 비축되었던 모든 에너지를 모아 함성을 외쳤습니다. 그리고 그 순간 그 성이 한 번에 무너져 내리는 기적을 경험하게 되었습니다.

여러분, 그들이 하루하루 그 성을 돌면서 무엇을 생각했을까요? 하나님께 기도할 수밖에 없었을 것입니다. "하나님, 이 성은 아무리 봐도 사람이 무너뜨릴 수 있는 성이 아닙니다. 하나님, 도와주세요. 하나님만이 하실 수 있습니다." 하며 집중하는 일들이 일어나는 것입니다.

엘리야의 기도도 마찬가지입니다. 모든 능력 있는 기도 응답의 시즌에는 '집중'이라는 원리가 작용합니다. 예수님께서 오병이어의 큰 기적을 행하실 때에도 그냥 막무가내로 기도하고 빵을 나눠주신 것이 아닙니다. 가장 먼저 하신 일은 제자들에게 명하셔서 사람들을 삼삼오오 풀밭에 앉도록 명령하셨습니다. 사람들이 예수께서 무엇을 하시는지 모두가 집중하게 하셨습니다. 그 전에는 산만하고 어수선하였을 것입니다. 그러나 예수님은 그 상황을 정리시키셨습니다. 그런 후에 하나님 앞에 축사하시고 그 음식을 떼어 주시기 시작할 때 사복음서에 기록된 놀라운 기적이 일어난 것입니다.

이러한 성경의 원리를 통해 우리가 알 수 있는 것은 **집중하는 시간이 응답의 계절에 선행한다**는 것입니다. 무엇에 집중하는 것입니까? 무엇을 달라고 금식하며 떼를 쓰는 것이 아니라 하나님께서 우리에게 주신 약속을 붙들고 집중하는 것입니다.

히브리서에 보면 사라의 믿음을 소개하고 있습니다. 사라와 아브라함의 믿음이 왜 위대할까요? 하나님께 그냥 떼를 쓰며 기도해서 위대한 것이 아닙니다. 그들이 무엇을 믿었다고 하였나요? **하나님의 약속**과 그 **약속을 주신 분이 이것을 이루실 신실하신 분이**라는 이 두 가지 사실을 붙들고 기도했다는 것입니다. 그들의 육신은 마치 죽은 자와 같이 아이를 생산할 수 없는 상태였습니다. 그러나 하나님께서는 그 약속과 그분의 신실하심을 믿는 믿음을 보시고 100세인 아브라함과 90세인 사라에게 귀한 약속의 열매인 아들을 주셨다는 것입니다. 그러므로 우리는 내 열정이 아닌 하나님의 약속을 붙들어야 합니다. 왕년에 우리에게 주신 분명한 약속들을 붙들어야 합니다.

성경에 보면 일반적인 약속들이 있습니다. 하나님께서 직접 하신 약속, 어느 때에든지 이것을 들어주겠다 하시는 약속들이 있습니다. 이 약속을 집중적으로 붙들고 기도할 때 응답이 임합니다.

첫 번째는 하나님을 만나는 약속입니다.

> 예레미야 29장 12-13절
> 너희는 내게 부르짖으며 와서 내게 기도하면 내가 너희를 들
> 을 것이요
> 너희가 전심으로 나를 찾고 찾으면 나를 만나리라

제가 17살 때 하나님을 만나게 된 구절입니다. 제가 이 말씀을 붙들고 기도했습니다. 물론 이 말씀이 문맥상 하나님을 만나고 체험할 것이라는 말씀은 아닙니다. 제가 성숙한 후에 이 말씀을 묵상하면서 보니 이 말씀은 이스라엘 백성이 바벨론에 끌려가지만 이 백성이 회개하고 다시 나를 찾으면 나를 만나게 될 것이라는 약속이었습니다. 그 당시에는 몰랐습니다. 그러나 그런 뜻이건 뭐건 간에 하나님께서 말씀하셨으니 믿고 구한 것입니다. 저는 그때 '전심으로 나를 찾으라'는 것에 꽂혔습니다. 당시 저는 하나님을 만나지 못했기에 예수 믿는 것이 때로는 부끄럽기도 했습니다. 어떤 능

력도 없었고, 주일 봉사의 모든 일들이 아깝게 느껴지기도 했습니다. 그때 이래서는 안 되겠다는 생각이 든 것입니다. "내가 불교 집안에 태어났으면 절을 다니는 것과 똑같구나." 하나님 살아 계신다고 하는데 내가 하나님 체험해야겠다."라는 마음을 가지고 혼자 기도원에 갔습니다. 고등학교 2학년 올라가는 겨울방학, 마침 천마산 기도원에서 집회가 있었습니다. 거기에서 이 말씀을 붙들고 삼일 내내 기도했습니다. "하나님, 저 진짜 전심으로 왔습니다. 딱 한 가지, 하나님 살아 계시면 저를 만나 주세요." 그런데 그게 지금 생각해 보니까 집중의 기도였던 것입니다.

우리가 왜 기도원에 가서 응답을 많이 받을까요? 다른 환경과 여건들을 모두 뿌리치고 하나님과 하나님의 약속만 바라보는 것입니다. 그러한 시간이 우리 삶 가운데 꼭 필요한 것 같습니다. 그래서 저는 그 말씀을 붙들고 기도할 때 주님을 만나고 성령의 충만을 받았습니다. 이 길로 오기까지 하나님께서 지켜 주시고 인도해 주신 것입니다. 그래서 하나님 만나는 약속은 반드시 이루어지는 것입니다.

두 번째, 구원을 위해 기도하는 약속입니다.
지난 주에 우리 교회에 간증이 이어졌습니다. 기도를 시작할 때에는 한국에 계시는 부모님에게 구원이 요원한 것 같았습니다. 귀도 안 들리시는데 어떻게 복음을 전할까요? 그러나 우리가 함께 여러 날을 기도했습니다. 그런데 결과가 어떠했습니까? 우리가 기도했던 사람들뿐만 아니라 주변에 다른 사람들까지 넘치게 구원받는 역사가 있었습니다.

베드로후서 3장 9절
주의 약속은 어떤 이들이 더디다고 생각하는 것 같이 더딘 것이 아니라 오직 주께서는 너희를 대하여 오래 참으사 아무도 멸망하지 아니하고 다 회개하기에 이르기를 원하시느니라

하나님의 마음은 누구든지 회개하고 돌아오는 것이지 구원을 막는 것이 아닙니다. 그러므로 우리가 누군가의 구원을 위해 기도하는 것을 하나님께서 기뻐하시는 것입니다.

세 번째, 우리의 진로와 앞길을 하나님께 맡겨드리는 기도에 대한 약속입니다.

시편 37편 4-9절
또 여호와를 기뻐하라 그가 네 마음의 소원을 네게 이루어

주시리로다

　네 길을 여호와께 맡기라 그를 의지하면 그가 이루시고

　네 의를 빛 같이 나타내시며 네 공의를 정오의 빛 같이 하시
리로다

　여호와 앞에 잠잠하고 참고 기다리라 자기 길이 형통하며 악
한 꾀를 이루는 자 때문에 불평하지 말지어다

　분을 그치고 노를 버리며 불평하지 말라 오히려 악을 만들
뿐이라

　진실로 악을 행하는 자들은 끊어질 것이나 여호와를 소망하
는 자들은 땅을 차지하리로다

　여호와를 기뻐하며 우리의 앞길을 주님께 의탁하는 것은 하나님
이 기뻐하시는 기도입니다.

　그리고 마지막으로, 신약에서 예수님께서 주신 가장 확실한 약
속이 무엇입니까?

　마태복음 7장 7-11절

　구하라 그리하면 너희에게 주실 것이요 찾으라 그리하면 찾
아낼 것이요 문을 두드리라 그리하면 너희에게 열릴 것이니

구하는 이마다 받을 것이요 찾는 이는 찾아낼 것이요 두드리
는 이에게는 열릴 것이니라

너희 중에 누가 아들이 떡을 달라 하는데 돌을 주며

생선을 달라 하는데 뱀을 줄 사람이 있겠느냐

너희가 악한 자라도 좋은 것으로 자식에게 줄 줄 알거든 하
물며 하늘에 계신 너희 아버지께서 구하는 자에게 좋은 것으
로 주시지 않겠느냐

누가복음에서는 다른 말로 표현하고 있습니다. 바로 이 '좋은 것'
이 '성령'이라고 말씀하고 계십니다. **그래서 성령을 받는 것, 성령
의 충만을 받는 것, 성령을 만나는 것은 하나님의 바람입니다.** 우
리의 바람이 아닙니다. 그러므로 이것이 하나님의 바람이라는 관
점에서 시작하면 기도가 강력해집니다. 우리가 하나님께 받을 때
구걸하듯 받는 것이 아니라 하나님의 아들과 딸로서 은혜의 보좌
앞에 겸손히 나아가서 그것을 믿음으로 요청하는 것입니다. "하나
님은 신실하신 분이심을 압니다. 하나님은 약속을 반드시 지키시
는 분임을 압니다. 하나님은 살아 계심을 증거하시고 만나 주시기
를 원하신다면서요. 주님을 깊이 알기를 원합니다."

모세는 목숨을 걸고 하나님 보기를 기도했습니다.

"네가 나를 보면 죽으리라."

"하나님, 나 죽어도 좋습니다. 나 주님 보기를 원합니다. 주님을 만나기 원합니다."

이러한 자에게 주님께서 "워워워" 하시겠습니까? 하나님께서는 모세에게 영광의 후면, 하나님의 그림자를 보여 주셨습니다. 그것만으로도 모세는 그 어찌할 수 없는 하나님의 영광으로 말미암아 얼굴에서 광채가 났다는 것입니다. 어떻게 이러한 일이 있을 수 있습니까? 모세가 간절히 원했기 때문입니다.

하나님은 우리를 만나기를 원하십니다. 성령을 부어 주시기를 원하십니다. 구원해 주시길 원하십니다. 우리 삶을 그분께 맡길 때 기뻐하시고 우리 인생의 길을 곧게 하십니다. 우리 인생을 허비하지 않게 하십니다.

저는 엄청난 무게의 비행기가 사람과 짐까지 싣고 하늘을 올라가는 것이 너무 신기합니다. 그런데 그 비행기가 올라가려면 법칙이 있습니다. 양력의 법칙입니다. 양력은 추진력과 활주로를 달린 시간의 제곱에 비례해서 공중으로 올라가는 힘입니다. 이 또한 집중의 원리입니다. 아무리 크고 무거운 비행기라고 하더라도 날개를 펴고 어느 속도 이상의 추진력을 가지고 활주로를 달려야 합니다. 그런데 여기에는 시간의 제곱이 들어갑니다. 이 말은 시간이 좀 필요하다는 뜻입니다. 어떠한 일이 열매를 맺으려면 시간이 필요합니다. 그냥 무의미한 시간이 아니라 고밀도의 추진력이 있는 시간이 필요하다는 것입니다.

예를 들어 시속 100마일로 아무리 달려도 비행기가 뜨지 않습니다. 그러나 시속 300km의 속도로 활주로를 2km 정도 달릴 때 아무리 무거운 비행기라도 그 정도의 추진력과 시간을 들이면 드디어 바퀴가 땅에서 떨어져 하늘을 날아올라 온 세상이 내려다보이는 곳까지 올라가게 되는 것입니다. 그리고 이렇게 하늘로 올라가게 되면 그만큼의 추진력은 더 이상 필요하지 않습니다.

여러분, 이것이 영적인 기도의 원리와도 너무나 같다고 생각합니다. 우리가 솟아오르고, 이기고, 응답을 받을 때에는 추진력이 필요합니다. 질질 끄는 시간이 아닌 고밀도로 집중하는 기도의 시간이 필요합니다. 왜냐하면 그때 하나님의 기적을 보게 되고, 하나님을 바라게 되고, 비로소 하나님의 영광이 되고 간증이 되기 때문입니다.

예를 들어 어떤 분이 한국에 가서서 가족을 전도했는데 기도도 없이 전도가 되었다고 해 보겠습니다. 우리는 그것이 우연히 되었다고 생각할 것입니다. 그러나 고밀도로 집중의 기도를 드리고 고밀도로 시간을 내어 오직 전도를 위해 한국에 갔을 때 역사가 일어나고 하나님께 영광을 돌리게 되는 것입니다.

어떤 무거운 비행기도 추진력과 시간의 제곱, 즉 그 추진력을 버텨 주는 시간이 있을 때 날아오릅니다. 열정적인 기도이지만 짧은 시간만 기도하고 말아서는 안 됩니다. 시간의 제곱이 필요한 것입니다. 열정과 뜨거움과 간절함에 정해진 시간이 더해질 때 돌파가 일어나는 것입니다. 그때 25년 동안 기다렸던 응답을 손에 거머쥐는 것입니다. 그때 일주일 동안 돌았던 그 문제의 성이 한순간에 무너져 버리는 것입니다. 치유의 역사도 마찬가지입니다. 치유도 건성으로 오랫동안 기도해서 일어나는 것이 아닙니다. 정말 집중의 시간이 있고, 응답의 시간이 있습니다. 마음에 쿵하는 감동과 확신이 확실히 들 때 치유가 일어나는 것입니다. 기도해 주는 사람도, 기도받는 사람에게도 그런 감동이 있어야 합니다. 이렇게 해서 응답을 받을 때 그 응답이 하나님께 영광이 되고 간증이 되는 것입니다.

여러분, 이 기도의 원리를 여러분과 나눌 수 있어서 너무 기쁩니다. 우리 성도님들이 그러한 응답을 받으시고 주님을 만나시기를 바랍니다. 문제를 돌파하여 문제가 간증이 되고 치유받는 역사가 여러분 삶 가운데 가득하시기를 예수 이름으로 축원합니다.

열정적인 기도를 드린다 해도
짧은 시간만 기도하고 말아서는 안 됩니다.
시간의 제곱이 필요한 것입니다.
열정과 뜨거움과 간절함에 인내의 시간이 더해질 때
돌파가 일어나는 것입니다.

14

서원을 기억하는 기도

어려움이 있을 때 기도하지 않는 사람이 없습니다.

믿음 없는 고3 학생들이 없습니다.

문제는 하나님께서 정말 우리 삶에 약속을 지키시고

축복해 주신 후에

기도의 자리에 남아 있는 사람이 없다는 것입니다.

성경을 보면 서원기도가 굉장히 많이 나옵니다. 믿음의 사람들이 무언가 어려운 일을 당할 때에 나라적으로, 개인적으로, 가정적으로 하나님께 서원을 드리는 장면을 많이 찾아볼 수 있습니다. 그리고 성경에서 나오는 대부분의 모습은 하나님께 약속을 드리는 것입니다. "하나님! 이 어려움 가운데 저를 지켜 주신다면 제가 이러한 것을 하나님께 평생 지키겠습니다." 그런데 대부분 이 약속에서 하나님은 먼저 은혜를 베풀어 주시고 우리를 살려 주십니다. 항상 그렇습니다. 그런데 성경에 나오는 많은 인물들은 거의 대부분 서원을 하고 복을 받은 후에 새까맣게 그 서원을 잊어버립니다. 그리고 나중에 문제를 많이 당하고 나서야 '내가 하나님께 약속한 것이 있었지' 하면서 돌아가는 장면이 많습니다.

하나님은 굉장히 정확한 분이십니다. 헛으로 기적을 행하시거나 헛으로 우리의 인생을 다스리지 않으십니다. 하나님은 모든 것을 질서와 정확한 하나님의 원리 가운데 인도하십니다. 그래서 우리가 하나님께 약속한 것을 모두 기억하고 계십니다. 하나님은 우리에게 복 주시는 것보다 우리가 서원한 대로 하나님과의 관계가 깊어지는 것을 원하십니다. 밑도 끝도 없이 우리에게 복을 주는 것이 하나님의 마음이 아닌 것입니다. 어려움이건, 그것이 응답이건, 아니면 고난을 통해서든 하나님께서 우리에게 바라시는 것은 아담과 하와가 하나님과 깊이 교제하고 동행하였던 때와 같은 관계의 회복을 원하시는 것입니다. 요한계시록에 나오는 회복의 모습도 에덴동산의 영적인 회복의 모습입니다. 하나님과의 긴밀한 사랑과 교제, 그리고 동행, 'Intimacy'를 원하시는 것입니다.

우리는 하나님께 복을 원하지만 하나님은 우리에게 관계를 원하고 계십니다. 그런데 이러한 부분이 맺어질 수 있는 기도가 바로 서원의 기도입니다. 성경의 내용이 이민자의 삶을 사는 우리에게 참 많이 와닿습니다. 왜냐하면 구약에 나오는 많은 일들이 다 사람들이 집을 떠나거나 고향을 떠나서 새로운 환경에서 하나님의 명령만 순종해서 살아가며 겪게 되는 일들이기 때문입니다. 이렇게 한 치 앞을 내다볼 수 없는 인생길 가운데에 하나님께 서원을 많이 하고 있습니다. 그리고 하나님은 먼저 축복을 주시고 은혜를 베푸십니다. 그래서 정말 구해 주시고 높여 주시고 살려 주십니다. 그런데 항상 서원을 깨는 쪽은 우리들이라는 것입니다.

이민의 삶에서도 얼마나 이러한 일이 많습니까. 보따리 하나 들고 미국에 와서 사업도 해야 하고, 적응도 해야 하고, 알 수 없는 일들에 자녀들 문제까지 겪어야 합니다. 그러니 하나님께 간절히 기도하게 되죠. 그런데 하나님께서 축복을 주셨을 때 그 기도의 자리에 남아 있는 자가 몇이나 될까요?

하나님께서 순간마다 복을 주셨습니다. 인생의 고비 고비마다 만남의 복을 주셨습니다. 좋은 사장님, 친구, 그리고 교회를 만나게 하셨습니다. 그리고 자녀들이 질병이 있을 때 건져 주셨습니다. 우리가 스스로 한 것이 아무것도 없습니다. 그런데 여기에 하나님의 깊은 뜻이 있다는 것을 기도하는 사람들조차 잘 모를 때가 있다는 것입니다. 그러므로 이 사실을 깨닫고 하나님 앞에 계수하는 시간을 가져 보면 좋을 것 같습니다.

오늘은 야곱의 서원을 살펴보겠습니다. 그는 형님의 축복을 거짓말로 도둑질하고 간절한 열망대로 축복을 받습니다만은 형님이 이 사실을 깨닫고 야곱을 죽이려고 합니다. 그래서 야곱이 서둘러 집을 나와 하나도 가진 것 없이 외삼촌 라반의 집으로 도망갑니다. 그 도망가는 길에 드리는 기도가 오늘의 내용입니다. 얼마나 안타까운 이야기입니까? 광야길을 한참을 걸어가 외삼촌 집에 가서 살아야만 하는 상황 가운데에 기도하고 있는 것입니다. 우리가 막막할 때 하나님께 하는 기도와 똑같습니다.

> 창세기 28장 20-22절
> 야곱이 서원하여 이르되 하나님이 나와 함께 계셔서 내가 가는 이 길에서 나를 지키시고 먹을 떡과 입을 옷을 주시어
> 내가 평안히 아버지 집으로 돌아가게 하시오면 여호와께서 나의 하나님이 되실 것이요
> 내가 기둥으로 세운 이 돌이 하나님의 집이 될 것이요 하나님께서 내게 주신 모든 것에서 십분의 일을 내가 반드시 하나님께 드리겠나이다 하였더라

20절은 생존에 대한 기도입니다. 아주 기본적으로 삶에 필요를 구하는 절박한 기도입니다. 그리고 21절에서 하나님께 약속을 하

고 있습니다. "여호와께서 나의 하나님이 되실 것이요" 이 말은 다른 신이 아닌 하나님만 섬기겠다는 것입니다. 그리고 하나님을 만나는 집을 만들겠다고 고백하고, 하나님께 십일조를 드리겠다고 고백하고 있습니다. 지금 야곱은 사실 잃을 것도 없습니다. 빈털터리이기 때문에 하나님께 무엇이든 약속하고 있는 것입니다. 그런데 우리도 대부분 이렇게 서원기도를 합니다.

그러나 하나님은 정말 신실하게 그를 축복하십니다. 거지로 시작한 야곱을 축복하셔서 좋은 아내들을 만나서 결혼도 하게 해 주시고, 그를 갑부로 만들어 주십니다. 외삼촌 라반의 양 떼를 돌보는데 하나님께서 복을 주셔서 그의 양 떼가 외삼촌의 양 떼보다 많아져 갈등이 일어날 정도로 성공하게 해 주셨습니다. 그리고 그의 평생에 그가 힘들어하고 두려워했던 것, 형님께 죽임을 당하는 것… 이를 일평생 두려워하고 피해 왔는데 결국 고향으로 돌아가야 했을 때 얍복 강가에서 하나님께 복을 받게 됩니다. 그래서 형님과의 극적인 재회와 화해가 이루어지고 있는 것입니다. 여러분, 야곱이 얼마나 무서워하고 떨었는지 모릅니다. 거기서도 하나님께서 그의 골반뼈를 치셔서 절뚝절뚝 다리를 절게 하셨습니다. 이것이 신의 한 수였습니다. 멀리서 걸어오는 야곱의 온전치 못한 모습을 볼 때 형님의 마음에 얼마나 감동이 되고 측은하게 여겨졌는지 그들이 끌어안고 울며 화해를 이루게 되었습니다. 용서가 일어난 것입니다.

집을 떠날 때에는 모든 것이 막연했습니다. 먹고사는 것조차 막연했던 그를 갑부로 만드시고, 성공하게 하시고, 금의환향하게 하십니다. 하나님은 약속을 하나도 잊지 않으시고 은혜를 베풀어 주셨습니다. 그러나 반대로 야곱은 새까맣게 약속을 잊어버렸습니다. 라반의 집에서 나올 때 아내들은 우상을 하나씩 가지고 나옵니다. 자녀들에게서는 믿음이라는 것을 볼 수가 없습니다. 하나님만 섬긴다는 약속도 없고, 십일조는 무슨 십일조입니까? 하나님의 집 벧엘에 와서 단을 쌓고 하나님을 만난다는 것도 모두 잊어버리고 말았습니다.

그런데 점점 일이 꼬이기 시작합니다. 야곱의 아들들이 사고를 치죠. 야곱의 딸 딤나가 추장의 아들에게 강간을 당한 다음에 아들들이 그 지역으로 몰려가서 할례를 행하게 하여 화해하는 척하다가 전쟁을 일으킨 것입니다. 당시 사회는 부족사회이기 때문에 한 부족이 다른 부족에게 원수를 갚겠다고 한다면 이 부족이 하루아침에 없어질 수 있는 사회인 것입니다. 그러니 야곱이 두려워 벌벌 떨게 됩니다. 온 주변 지역이 들썩이게 되었습니다. 그때 야곱이

곰곰이 생각해 보는 것입니다.

'내 인생에 지금 일어나는 일들이 우연인가, 아니면 하나님과의 관계 속에서 일어나는 일인가' 하고 다시 한번 자신의 삶을 돌이켜 보는 것입니다.

여러분, 이것이 참 축복입니다. 우리가 성공 가도를 달리고 하나님의 복을 받다가 한 번씩 고난을 당합니다. 우리는 그제서야 돌아보는 것입니다. 그전까지는 앞을 향해서, 성공을 향해서만 기도했지만 그러한 일을 당하게 되면 '내가 지켜야 할 것이 없었는가, 회복해야 할 것이 없었는가' 돌아보는 시간을 갖게 됩니다. 이것이 축복입니다. 그리고 이것이 서원의 묘미인 것 같습니다. 하나님께서는 그 서원을 돌아보게 하시는 것입니다.

> 창세기 35장 1절
> 하나님이 야곱에게 이르시되 일어나 벧엘로 올라가서 거기
> 거주하며 네가 네 형 에서의 낯을 피하여 도망하던 때에 네게
> 나타났던 하나님께 거기서 제단을 쌓으라 하신지라

야곱은 까맣게 잊고 있었지만 하나님은 야곱의 약속을 기억하고

계셨습니다. 그리고 야곱이 드디어 정신을 차렸습니다. 야곱은 매우 교활하고 꾀가 많은 사람입니다. 그는 지금까지는 하나님과 거래하는 사람이었습니다. 그러나 이 순간부터는 하나님과 믿음으로 교제하는 사람이 된 것입니다.

2절
야곱이 이에 자기 집안 사람과 자기와 함께 한 모든 자에게 이르되 너희 중에 있는 이방 신상들을 버리고 자신을 정결하게 하고 너희들의 의복을 바꾸어 입으라

지금 하나님을 향한 태도가 달라지고 있다는 것을 느낄 수 있습니다. 하나님께 드린 첫 번째 약속, 하나님만 섬기겠다는 약속을 지키고 있습니다.

3절
우리가 일어나 벧엘로 올라가자 내 환난 날에 내게 응답하시며 내가 가는 길에서 나와 함께 하신 하나님께 내가 거기서 제단을 쌓으려 하노라 하매

여러분, 우리가 이 말을 기억했으면 좋겠습니다.

"우리가 일어나 벧엘로 올라가자."

벧엘은 예배의 장소입니다. 기도의 장소입니다. 하나님을 만난 장소입니다. 약속의 장소입니다. 하나님께 도움받은 장소입니다. 거기에서 제단을 쌓는다는 것은 두 번째 약속을 지키는 것입니다. 성경이 얼마나 토시 하나 틀리지 않고 정확한지 모릅니다.

4절
그들이 자기 손에 있는 모든 이방 신상들과 자기 귀에 있는 귀고리들을 야곱에게 주는지라 야곱이 그것들을 세겜 근처 상수리나무 아래에 묻고

이러한 역사가 저와 여러분에게 함께하시기를 예수님의 이름으로 축복합니다. 어려움이 있을 때 기도하지 않는 사람이 없습니다. 믿음 없는 고3 학생들이 없습니다. 문제는 하나님께서 정말 우리 삶에 약속을 지켜 주시고 축복해 주실 때에 그 자리에 있는 사람이 없다는 것입니다. 성경에서 야곱이 드디어 이 일을 하고 있습니다. 그리고 하나님과의 관계가 회복되기 시작합니다. 그런데 그 후에 하나님이 주시는 축복을 보시기를 바랍니다.

5절

그들이 떠났으나 하나님이 그 사면 고을들로 크게 두려워하

게 하셨으므로 야곱의 아들들을 추격하는 자가 없었더라

지금 야곱이 받고 있는 스트레스의 원인이 무엇이었습니까? 다
른 민족들이 자기를 죽일까 봐 두려워하며 걱정한 것입니다. 이로
부터 회개가 시작되었습니다. 그리고 약속을 지키러 가고 있는 것
입니다. 그런데 하나님께서 그 다른 사면 고을들, 다른 부족들로
크게 두려워하여 야곱 가족을 치지 못하게 하시더라는 것입니다.
바로 하나님의 역사입니다. 그리고 야곱이 하나님께 단을 쌓고 하
나님께 예배하며 하나님과 관계하기 시작할 때 하나님이 그에게
또 복을 주기 시작하십니다. 하나님께서 주고, 주고, 또 주시는 은
혜. 은혜밖에 없는 것입니다.

9-15절

야곱이 밧단아람에서 돌아오매 하나님이 다시 야곱에게 나

타나사 그에게 복을 주시고

하나님이 그에게 이르시되 네 이름이 야곱이지마는 네 이름

을 다시는 야곱이라 부르지 않겠고 이스라엘이 네 이름이 되

리라 하시고 그가 그의 이름을 이스라엘이라 부르시고

하나님이 그에게 이르시되 나는 전능한 하나님이라 생육하
며 번성하라 한 백성과 백성들의 총회가 네게서 나오고 왕들
이 네 허리에서 나오리라

내가 아브라함과 이삭에게 준 땅을 네게 주고 내가 네 후손
에게도 그 땅을 주리라 하시고

하나님이 그와 말씀하시던 곳에서 그를 떠나 올라가시는지라

야곱은 당연히 지켜야 할 약속을 지킨 것뿐입니다. 그런데 하나
님은 여기에 또 은혜를 부어 주십니다. "참 네가 너무 귀하다. 매
맞고 이제야 와서 서원을 지키겠다고 하지만 그것도 너무 귀하다."
하시는 것입니다. 하나님은 그에게 메시야의 복, 왕들의 복, 번영
의 복, 약속의 복을 부어 주십니다. 하나님의 홍분이 느껴지시나
요? 여러분, 바로 이러한 것입니다.

주님은 우리가 이 땅에서 그냥 원인 모를 복을 받고, 하나님 곁
을 다 떠나 우리 뜻대로 사는 것을 원하지 않으십니다. 하나님은
우리가 복을 받을 때 이 복이 어디로부터 왔는지를 기억하고 하나
님과 관계하는 자가 되기를 원하십니다. 그래서 기도의 자리를 지
키고 하나님께 영광을 돌리는 그러한 사람들을 찾고 계십니다. 그
러나 성경에 서원을 보면 일방적으로 하나님께서 복을 주시고 사

람은 그것을 새까맣게 잊어버리는 경우가 허다합니다. 그리고 이 것은 저와 여러분의 모습을 대변하고 있는 것입니다.

제가 성경을 읽으면서 감동한 것이 있습니다. 이러한 사람들 가운데 하나님의 마음을 놀라게 한 사람들이 있습니다. 그중 하나는 바로 기도로 사무엘을 얻은 한나입니다. 한나는 불임인데 하나님께 간절히 기도하여 하나님께서 약속을 주셔서 아들을 낳게 됩니다. 그런데 그가 아기를 갖기 전에 하나님께 서원합니다. "하나님께서 제게 아들을 주시면 그 아들을 하나님께 드리겠습니다." 지금 한나의 마음은 제발 아들 하나만 낳는 것입니다. 왜냐하면 지금 서러움이 크기 때문입니다. 그러니까 어떻게 보면 지킬 수 없을지도 모르는 큰 약속을 한 것입니다. 여러분은 하나님께서 아들을 주시면 하나님께 드릴 수 있으신가요? 한나는 하나님께 그렇게 약속한 것입니다.

그런데 성경을 보면 하나님께서 한나에게 아들을 주시자 한나는 아이가 젖을 떼기를 기다려서 바로 하나님께로 데려갑니다. 보통 아기가 젖을 2살 정도에 뗍니다. 그때가 아이들이 가장 귀엽고 예쁠 때입니다. 그런데 그때를 기다려 그 아들을 하나님께 드렸다는 것입니다. 한나는 보통 여자는 아닌 것 같습니다. 한나가 이렇게 서원을 지키자 하나님께서는 그를 축복하사 또 다른 아들들을 낳게 하실 뿐만 아니라 바친 아들 사무엘을 민족의 지도자로, 민족의 마지막 사사로, 다윗에게 기름 붓는 귀한 종으로 그를 사용하시고 축복하셨습니다. 우리가 하나님께 서원을 갚겠다고 할 때 하나님께서 더욱 부어 주시는 또 다른 축복이 있는 것입니다. 하나님께서 주신 것을 가지고 우리가 하나님께 영광을 돌리면 하나님은 더 큰 다음 단계의 은혜를 주십니다. 그런데 우리는 그것을 모르고 있는 것입니다.

다윗도 마찬가지입니다. 다윗이 얼마나 많은 서원을 드렸겠습니까? "하나님 제가 이 동굴에서 살아나가기만 하면, 저를 추격하는 저들로부터 구해 주시기만 하면 하나님께 이런 저런 것을 드리겠습니다. 하나님을 이렇게 사랑하겠습니다." 이러한 약속이 얼마나 많았겠습니까? 20대를 온통 도망 다닌 다윗입니다. 그런데 다윗은 서원 지키기를 기뻐하는 사람이었습니다. 다윗이 왜 귀할까요? 그는 하나님을 거래의 대상으로 섬기지 않고 진정으로 사랑했던 사람입니다.

시편 116편 1-6절

여호와께서 내 음성과 내 간구를 들으시므로 내가 그를 사랑

하는도다

　그의 귀를 내게 기울이셨으므로 내가 평생에 기도하리로다

　사망의 줄이 나를 두르고 스올의 고통이 내게 이르므로 내가 환난과 슬픔을 만났을 때에

　내가 여호와의 이름으로 기도하기를 여호와여 주께 구하오니 내 영혼을 건지소서 하였도다

　여호와는 은혜로우시며 의로우시며 우리 하나님은 긍휼이 많으시도다

　여호와께서는 순진한 자를 지키시나니 내가 어려울 때에 나를 구원하셨도다

　다윗은 이 고백을 통해 하나님을 찬양하고, 하나님과 관계하고 있습니다.

　12-19절

　내게 주신 모든 은혜를 내가 여호와께 무엇으로 보답할까

　내가 구원의 잔을 들고 여호와의 이름을 부르며

　여호와의 모든 백성 앞에서 나는 **나의 서원을 여호와께 갚으리로다**

　그의 경건한 자들의 죽음은 여호와께서 보시기에 귀중한 것

이로다

여호와여 나는 진실로 주의 종이요 주의 여종의 아들 곧 주의 종이라 주께서 나의 결박을 푸셨나이다

내가 주께 감사제를 드리고 여호와의 이름을 부르리이다

내가 여호와께 서원한 것을 그의 모든 백성이 보는 앞에서 내가 지키리로다

예루살렘아, 네 한가운데에서 곧 여호와의 성전 뜰에서 지키리로다 할렐루야

저는 이 구절들로 찬양이 나왔으면 좋겠습니다. 다윗은 자신을 주님의 종이라고 고백합니다. 언제 이렇게 고백했을까요? 응답을 받고, 축복을 받고, 생명의 건짐을 받았을 때 하나님께 자신의 삶을 드리고 있는 것입니다. 그리고 몇 번씩이나 서원한 것을 지키겠다고 고백하고 있습니다. 이 고백은 다른 말로 하면 내가 지키나 안 지키나 보라는 것입니다. 나는 은혜가 너무 커서 내 평생 하나님을 경외하며 살겠다는 것입니다. 백성들이 모두 지켜보는 가운데 내가 하나님께 서원한 것을 다 지키며 살겠다는 것입니다. 여러분, 이것이 다윗을 두드러지게 만드는 것이라고 믿습니다. 하나님께서 다윗을 사랑할 수밖에 없는 이유가 있는 것입니다.

우리가 이러한 믿음의 사람들이 되기를 바랍니다. 어려운 때만 하나님을 찾고 해결되면 도망가는 사람들, 하나님이 주신 작은 복에 겨워 그것에 빠져 있는 모습이 우리의 모습이 아니기를 바랍니다. 오히려 하나님을 향해 더욱 더 나아가기를 원합니다.

"이 작은 인생에게 은혜를 베푸신 하나님이 저에게는 얼마나 귀중하고 사랑스러운지요. 저는 사람들 앞에 하나님을 증거하고 하나님께 드린 서원을 갚는 삶, 영광 돌리는 삶을 살겠습니다. 그리고 하나님을 평생 사랑하기를 원합니다."

그래서 다윗의 단 한 가지 소원이 무엇인가요? 여호와의 전에서 문지기로 사는 한 날이 천 날을 궁정에 사는 것보다 귀하다고 고백하는 것입니다. 우리의 기도가 이런 기도가 되기를 바랍니다. 어려운 순간, 목숨이 위태로운 순간, 먹을 것이 없는 순간에 서원한 것들이 있습니다. 저도 영주권 문제로 고민할 때 하나님께 서원했습니다. 저희 아들이 아토피로 잠을 못 이루고 피가 나도록 목을 벅벅 긁으며 괴로워할 때 서원했습니다. 지금 돌이켜 보면 하나님께서 제 기도를 다 들어주셨습니다. 어떤 약을 발라도 낫지 않던 모습에 부모로서 마음이 찢어졌습니다. "제가 대신 고통받으면 안 되겠습니까?" 그런 마음이었습니다. 그런데 하나님은 그때 제 서원의 기도를 들어주셨습니다.

그때에는 통장에 들어오는 돈보다 빠져나가는 벌금이 더 많았습니다. 경제적으로 너무 어려웠습니다. 그런데 한 집회에서 서원했습니다. "영주권과 아들 아토피를 해결해 주세요." 하고 전 재산을 체크로 써서 헌금했습니다. 그때 전 재산이 15불이었습니다. 전 재산을 드린다고 하는데 체크로 15불을 써서 내는 사람은 저밖에 없었을 것입니다. 그러나 그때 저는 15불밖에 없는데 벌금은 25불 나오는 그러한 상황 가운데 있었습니다. 그런데 하나님께서 그 이후로 어떤 의사의 손을 통해서도 낫지 않던 아들을 고쳐 주셨습니다. 그 당시 제 기도제목을 부흥강사님이 통성기도하면서 읽으시는데 그게 제 귀에 들렸습니다. 바로 그때 '하나님께서 이 작은 불쌍한 인생을 돌아보셨다'는 마음이 들었습니다. 그리고 이 두 가지 문제가 정말 기적적으로 해결을 받았습니다. 제 영주권 문제도 엘에이 도시에서 한두 케이스 있을까 말까 한 기적적인, 설명이 안 되는 케이스라고 합니다. 그래서 저는 다른 생각을 할 수가 없습니다. 그때 한 약속을 기억하고 하나님께 제 인생을 드립니다.

여러분도 인생을 살면서 그런 일이 있었을 것입니다. 오늘 우리가 드린 서원을 기억하고 벧엘로 돌아가기를 원합니다. "일어나서 벧엘로 돌아가자." 이것이 오늘 기도의 제목이기를 원합니다. 오늘 여러분의 가정마다 이러한 놀라운 회복의 역사가 일어나기를, 서원이 회복되기를, 하나님과의 관계가 회복되기를 예수님의 이름으로 축복합니다.

"이 작은 인생에게 은혜를 베푸신 하나님이 저에게는 얼마나 귀중하고 사랑스러운지요. 저는 사람들 앞에 하나님을 증거하고 하나님께 드린 서원을 갚는 삶, 영광 돌리는 삶을 살겠습니다. 그리고 하나님을 평생 사랑하기를 원합니다."

15

구체적인 계획을 세우는 기도

"너는 정복할 땅으로 가서
구체적으로 지도를 그려서 내게 돌아오라"

우리는 이렇게 생각하는 경향이 있습니다.

"계획을 세우는 것은 믿음이 없는 것이 아닐까? 믿음이 있다면 계획을 세울 필요가 없지 않을까? 하나님을 의지하고 하나님께서 이루시는 대로 행하면 되니까 계획은 필요 없다. 계획은 믿음 없는 사람들이 세우는 것이다."

그러나 그렇지 않습니다. 리더십 잠언 중에 이러한 말이 있습니다.

"계획을 세우지 않는 것은 실패를 계획하는 것과 같다."

우리가 목표를 정하고 계획을 세우지 않는 것은 마치 실패를 계획하는 것과 같다는 것입니다. 발명왕 토마스 에디슨(Thomas Alva Edison)은 이러한 말을 했습니다.

"원하는 목표를 분명하게 정하라. 그 목표를 성취하기 위해 어떤 일을 할까 명확하게 계획을 세워라. 마감하는 기일을 정하라. 전체적인 계획을 세워라. 그리고 하루에 2회 이상 자신의 목표를 소리 내어 말하라."

여러분, 과연 믿음이 있는 기도는 계획하지 않는 기도일까요? 그렇지 않습니다. 성경에서 하나님께 쓰임받는 리더들을 보면 그들이 철저하게 계획을 세우고 기도하고, 또 기도하고 계획을 세우는 모습을 볼 수 있습니다.

여호수아 18장 1-2절
이스라엘 자손의 온 회중이 실로에 모여서 거기에 회막을 세웠으며 그 땅은 그들 앞에서 돌아와 정복되었더라
그러나 이스라엘 자손 중에 그 기업의 분배를 받지 못한 자가 아직도 일곱 지파라

이스라엘의 가나안 정복기가 지나고 꽤 시간이 흘렀지만 땅을 점령하지 못한 지파들이 꽤 있었습니다. 그래서 그 지파들은 다른 지파 땅에 함께 얹혀살고 있었습니다. 이는 하나님께서 계획하신 것은 아니었습니다. 하나님은 분명히 그들에게 땅을 약속하시고 인도하셨습니다.

그때 여호수아가 명령합니다.

> 여호수아 18장 3-4절
> 여호수아가 이스라엘 자손에게 이르되 너희가 너희 조상의 하나님 여호와께서 너희에게 주신 땅을 점령하러 가기를 어느 때까지 지체하겠느냐
> 너희는 각 지파에 세 사람씩 선정하라 내가 그들을 보내리니 그들은 일어나서 그 땅에 두루 다니며 그들의 기업에 따라 그 땅을 그려 가지고 내게로 돌아올 것이라

여호수아는 사람들을 선별하여 정복할 땅을 정탐하게 하였습니다. 그리고 그 기업에 따라 땅을 그려 오라고 명령합니다. Survey를 시키는 것입니다. 그런 다음에 그 땅을 차지하라고 하나님께 비전을 구하며 기도해 주는 것입니다.

여러분, 이것은 중요한 원칙입니다. 가나안 땅에 들어갔다는 것은 하나님의 약속을 받고 그곳에 이르렀다는 말입니다. 그러나 12지파 중에 7지파는 하나님께서 주신 마지막 목표를 이루지 못하고 남의 땅에 더부살이를 하고 있는 것입니다. 이는 하나님의 구원과 함께 허락된 것들을 마음껏 누리지 못하고 있는 것과도 같습니다. 이스라엘 백성이 홍해를 가르고 이집트 땅을 나온 것은 구원을 상징합니다. 우리는 모두 구원을 받았습니다. 그러나 구원받은 모든 사람들이 하나님이 디자인하신 삶을 살고 있느냐고 물어본다면 지극히 일부만 그러하다는 것입니다.

구원을 받았음에도 많은 사람들이 여전히 눌려 있습니다. 제가 모태신앙으로 태어나 주님을 만났고 20년이 넘는 목회 임상을 경험하면서 많은 신앙인들을 만났습니다. 그리고 그들 중에 많은 사람이 예수님의 십자가 보혈로 구원은 받았는지 모르지만 하나님께서 디자인하신 그 고지까지 가지는 못하는 모습을 보게 되었습니다. 그런데 그 이유는 대부분 그 정도의 삶으로 만족을 해 버리기 때문입니다. 하나님의 사명에 대해서도 이 정도로 만족하고 비전을 갖지 못하는 것입니다. 그리고 계획을 하지 못한다는 것입니다. 이스라엘 12지파 중에 7지파나 바로 그러한 삶을 살고 있었던 것입니다.

그런데 영감 가운데 여호수아가 명령합니다.

"먼저 너희 지파 중 3명씩을 떼어내라."

이것은 우리가 하루를 계획하고 인생을 계획할 때 에너지를 구별하라는 것과 같습니다. 아마 3명을 뽑을 때 최정예로 똑똑하고 충성된 사람들을 뽑았을 것입니다. 이 말은 우리 삶에서 가장 중요한 시간들과 에너지를 가장 중요한 일을 하기 위해 계획하는 일에 사용하라는 것입니다. 하나님의 꿈을 갖는 일을 위해 항상 구별해야 한다는 말씀과도 같습니다. 우리는 반드시 인생에 구체적인 목표를 세우고 비전을 세우는 시간을 가져야 하는데, 이 시간이 굉장히 중요해서 따로 구별해야만 한다는 것입니다.

그렇다면 하루 중 그런 시간은 언제일까요? 새벽 시간이 될 수 있습니다. 또 일 년 중에 그런 시간은 언제일까요? 연말이나 연시가 되겠습니다. 그래서 훌륭한 리더들은 그러한 시기에 여행을 떠납니다. 어디론가 가서 혼자 시간을 정리하고 계획을 세우고 돌아오는 것입니다. 새해를 앞두고 기도하기도 하고 돌아보기도 합니다. 반드시 이러한 구체적인 목표를 세우고 비전을 세우기 위해 떼어내는 시간이 필요한 것입니다.

이렇게 구별된 시간에 계획을 세운다면 인생의 큰 계획 안에서 5년 계획, 10년 계획이 나올 것입니다. 대부분의 사람들은 목표는 세우지만 그를 이루기 위한 10년의 계획이 없습니다. 그리고 10년의 계획이 없기 때문에 5년의 계획이 없습니다. 5년의 계획이 있어야 1년의 계획이 있는 것입니다. 그리고 1년의 계획이 있는 사람들은 하루하루의 계획을 세우게 됩니다.

10년 뒤에 내가 어떠한 일을 해야 하는데 그 일을 위해 내가 많이 공부를 해야 한다고 해 보겠습니다. 그러면 매일의 일과 중에 반드시 공부하는 시간이 중요한 계획으로 들어갈 것입니다. 그런데 이러한 계획들이 없으면 우리는 항상 급한 일을 하게 됩니다. 크렉 그러쉘 목사님(Craig Groeschel)의 리더십 강의에 따르면 '급한 일은 항상 우리 삶에 그 필요를 더 크게 외친다'는 것입니다. 그래서 우리 삶은 계획하지 않으면 급한 일에 끌려 다니느라 중요한 일을 하지 못합니다.

매일의 제 삶에서 제가 정해 놓은 중요한 일은 매일 새로운 사실 한 가지를 공부하고 배우는 것입니다 이는 제가 성경을 가르치는 사람이기 때문입니다. 그래서 새벽에 여러분과 함께 말씀을 나누는 일도 그 일 중에 하나입니다. 제가 공부하지 않고, 제가 무언가 깨닫지 않으면 하나님께 쓰임 받을 수 없는 것이죠. 그런데 목표만 하나님께 쓰임받는 것이고 날마다 깨닫는 바가 없다면 제가 어떻게 쓰임받을 수 있을까요? 그래서 제 하루에서 가장 중요한 일과 중 하나는 어제보다 오늘 하나 더 새로운 사실을 배우는 것입니다. 그것이 책을 통해서건, 성경 주석을 통해서건 저는 그 중요한 일을 해나가는 것입니다. 이렇게 우리는 중요한 일을 날마다 날마다 구별해야 합니다.

이스라엘의 7지파를 보십시오. 얼마나 삶에 안주했던지 비전도 없고 꿈도 없었습니다. 그런데 여호수아는 그들에게 그 정복할 땅으로 가서 구체적으로 지도를 그려서 내게 돌아오라는 것입니다.

"make a survey of the land and to write a description of it, according to the inheritance of each."

그냥 그림만 그리는 것이 아니라 그림을 그리고 설명을 덧붙여 오라는 것입니다. 이런 땅에는 무엇이 있고, 이런 땅에는 어떤 점이 좋고, 이런 땅은 정복하기 위해 무엇이 필요하고. 이러한 설명을 덧붙인 구체적인 계획들을 가지고 내게 가지고 오라는 것입니다. 이것이 바로 기도하면서 우리가 할 일입니다.

여러분, '바보는 목표를 정하기만 한다'는 말이 있습니다. 목표를 정하고 나서 또 똑같이 사는 것입니다. 그렇게 해서는 10년이 지나도 아무 일도 일어나지 않습니다. 목표를 정한 후에는 목표를 이루기 위한 방법을 생각해야 합니다. 구체적인 목표가 나올수록 구체적인 방법이 나올 수밖에 없습니다. 바보는 결심만 합니다. 그리고 방법에 대해 생각하지 않습니다.

또한 목표가 있으면 그 일을 이루기 위해 동기 부여가 필요합니다. 팀으로 일을 한다면 여러분의 팀원들을 최소한 설득해야 합니다. 머릿속에 있는 것을 그냥 밀어붙이는 사람은 둘 중에 하나입니다. 여러분을 완전히 믿는 사람, 또는 여러분의 직원들. 돈을 주니까 할 수밖에 없는 것이죠. 이것은 굉장히 비참한 것입니다. 어떤 일을 할 때 Inspiration, 영감과 Motivation, 동기를 주어야 합니다. 그리고 이것을 주려면 Communication, 대화해야 합니다. 감동이 되고 하나가 되어야 합니다. 이를 위해서는 구체적인 목표와 계획이 필요할 수밖에 없다는 것입니다.

"바보는 목적만 세우고, 그것을 이루는 사람은 시스템을 만들어 간다."

제가 요즘 이와 관련된 책을 읽고 있습니다. 그리고 깨달았습니다. 제가 바보였습니다. 목표만 세우고 시스템을 준비하지 않았던 거죠. 10년 안에 우리 교회가 어떤 일을 해내고 싶으면 그 일을 하기 위한 구조를 만들어야 하는 것입니다. 영혼을 많이 구원하기 원하는데 리더가 훈련되지 않는다면 사상누각입니다. 말뿐인 계획인 것입니다. 그러므로 리더를 세우는 제자훈련도 필요한 것입니다. 사람을 키우지 않고 사람을 섬기지 않으면 큰 꿈이 소용이 없는 것입니다. 그래서 여호수아는 자세하게 조사하고, 그림을 그리고, 설명까지 붙이라고 하였습니다. 그리고 그것을 가지고 하나님께 나아가는 것입니다. 기도할 때 그것대로 차지할 수 있는 힘과 감동과 공급하심, 능력을 부어 주시는 것이죠.

공부해서 하나님께 영광을 돌리고자 하는 학생들이 있다면 목표만 세우는 것이 아니라 공부계획을 가지고 시작하며 기도해야 합니다. 그럴 때 하나님께서 지혜를 주시고, 좋은 선생님도 주시며 도우시는 것입니다. 가장 좋은 방법은 목차부터 정복하는 것입니다. 큰 틀부터 파악하는 것입니다. 보물지도를 갖는 것이죠. 그래서 '계획을 세우는 것은 인생의 보물지도를 갖는 것과도 같다'라고 누군가는 말하였습니다.

여러분, 세상 사람들은 저와 여러분에게 딱지를 붙입니다. '실패자다' '그 정도로만 살 거다', 그런데 이는 세상 사람들이 아니라 저와 여러분이 붙이는 것인지도 모릅니다. '나는 가난할 거야. 부모님이 그랬으니까' '나는 평생 아플 거야', 여러분, 이 모든 딱지들은 바로 우리가 안주하는 데서 붙여진 것이 아닌가 생각해 보시길 바랍니다. 12지파 이스라엘 백성 중 7지파가 싸우려고 하지도 않고 다른 지파의 터전에서 더부살고 있다는 것입니다. 주님은 그런 것을 원하지 않으십니다. 우리가 안주하는 것, 실패자로 안주하는 것, 가난한 삶으로 안주하는 것, 하나님의 꿈을 이루지 못하는 삶으로 안주하는 것을 기뻐하지 않으십니다. 사도 바울도 말합니다. 푯대를 향하여. 향방 없이 달리는 사람과 같지 않고 푯대를 향해 달려간다는 것입니다.

우리는 계획을 가지고 기도해야 합니다. 저도 마찬가지입니다. 설교의 뼈대가 있어야죠. 그리고 기도할 때 하나님께서 영감도 주시고, 때로는 제가 준비한 것 이상의 것들로 채워 주시고 풍성하게 하시는 것입니다. 믿음만 좋다고 기도만 하는 설교자가 좋은 설교자일까요? 연구하고 계획을 가지고 기도할 때 하나님께서 거기에 기름을 부어 주시고 필요한 감동을 주시는 것입니다.

느헤미야가 왕 앞에 나아갑니다. 그때 하나님이 그 왕의 마음을 감동시켜 주셨습니다.

"네 얼굴이 왜 그러느냐? 네 얼굴에 근심이 있어 보인다."
"네, 제게 근심이 있습니다. 제 나라가 허물어져 있습니다. 제가 어찌 근심하지 않을 수 있겠습니까? 제가 어찌 웃을 수 있습니까?"

그때 왕의 마음이 감동되었습니다. 이것이 하나님의 역사하심입니다. 그래서 물어봅니다.

"내가 어떻게 도와줄까?"

그때 느헤미야가 어떻게 반응했나요? "아 정말요? 정말 도와주시겠어요? 음… 그러면, 잠시만요." 이렇게 그 자리에서 생각하지 않았습니다. 그는 기도하며 이미 계획을 가지고 있었습니다. 성경을 보면 왕의 말이 떨어지자마자 느헤미야는 말합니다. "제가 몇 날 며칠을 가서 이 계획을 이루고 돌아오겠습니다. 여기에 필요한 것은 무엇과 무엇이 있고 왕의 조서가 필요합니다. 이러 이러한 일들에 도움이 필요합니다." 하고 구체적으로 요청하는 것입니다.

여러분, 계획이 없으면 하나님께서 주신 기회가 와도 그 기회를 잡을 수가 없습니다. 그러므로 기도하시면서 하나님의 구체적인 계획을 세우시기를 바랍니다. 1년, 5년, 10년의 계획. 여러분이 맡으신 사역에서도 마찬가지입니다. 그럴 때 하나님께서 그 계획 가운데 필요한 것들을 주시고, 사람을 주시고, 감동을 주시고, 능력을 부어 주실 줄로 믿습니다. 저와 여러분은 하나님께 큰 것을 약속받은 자입니다. 자신감을 가지고 기도하기 시작하십시오. 약속 위에서 계획하시면서 기도하고, 기도하시면서 계획을 세워 보시기를 예수 이름으로 축복합니다.

하나님은 정말 크신 분입니다. 그대로의 삶에 안주하지 말고 도전하시기를 바랍니다. 계획을 세우고 비전을 세우시길 바랍니다. 한 번뿐인 인생인데 하나님 앞에 한 번 쓰임받기를 원합니다. 내 야망을 위해서가 아니라 그 나라를 위해서 쓰임받는 저와 여러분이 되기를 예수 이름으로 축복합니다. 하나님은 저와 여러분에게 더 좋은 것을 주실 준비가 되어 있으신, 위대하고 좋으신 하나님이십니다.

로마서 8장 32절

자기 아들을 아끼지 아니하시고 우리 모든 사람을 위하여

내주신 이가

어찌 그 아들과 함께 모든 것을 우리에게 주시지 아니하겠느냐

기도교실 2 (내용 예고)

- 기도 응답 직전이 가장 치열하다
- 기도해도 힘들 때 어떻게 기도할까
- 맡겨 주신 사람들을 위해 기도하는 법
- 영적 부흥을 일으키는 기도
- 마음이 아프고 화날 때 기도
- 감사할 수 없을 때 감사기도
- 문제를 변화시키는 기도
- 자녀들에게 전수하는 감사의 기도
- 병고침에서 구원을 향하는 기도
- 어떤 상황에서도 평안을 누리는 기도
- 방언으로 기도하는 것에 대하여
- 풍성한 기도의 삶의 원리
- 새벽의 기도를 결단해 보세요

소그룹 인도를 위한 질문들

1. 이것만 알면 기도가 쉽다
- 어릴 적 부모님께 받은 선물 중에 기억나는 것을 나누어 봅시다.
- 1장에서 당신이 하나님 '아버지'에 대해 새롭게 얻게 된 '느낌'
  은 무엇입니까?
- 하나님께 기도할 때 느끼는 두려움에 대해 구체적으로 이야
  기해 봅시다.
- 서로 돌아가며 기도의 막연한 두려움이 진리로 바뀌어지도록
  기도해 줍시다.

2. 주기도문으로 기도 시작하기
- 지난주에 새롭게 시작한 기도의 결단이 어떻게 지켜졌는지
  나눕시다.
- 주기도문의 골격 5P는 무엇입니까?
- 당신에게 가장 부족했던 기도의 요소는 무엇입니까?
- 한 사람씩 돌아가면서 주기도문 한 구절씩을 읽고 그에 합당
  한 구체적인 내용으로 기도합시다.

3. 중요한 것을 먼저 기도하세요

- 지난 한 주 주기도문을 중심으로 기도했던 결과를 서로 나눕 시다.
- 3장을 통해 예수님이 무엇을 먼저 기도하라고 하셨는지 살펴 봅시다.
- 각자 종이를 준비하여 기도제목들 중에 '시급한 기도제목'과 '중요한 기도제목'으로 구분해 봅시다.
- '중요한 기도제목' 중에 복음의 전파나, 우리 교회를 위한 제 목이 얼마나 있는지 나눕시다.
- 이 한 주는 함께 공동의 '중요한 제목'을 위해 기도하는 시간 을 정해 봅시다.

4. 어떻게 기도해야 할까요? 기도의 How

- 지난 한 주 공동체를 위해 합심기도한 결과를 나눠 봅시다. 어떤 마음이 드셨습니까?
- 하나님은 직접 받으시기 원하시는 향을 규정해 주셨습니다. 이것이 당신에게 주는 의미는 무엇입니까?
- 지성소에서 피워야 하는 네 가지 향은 무엇입니까?
- 당신의 기도엔 어떤 향의 요소가 빠져 있습니까?
- 이 한 주는 분향단의 기도의 원리로 기도하기로 결단하고 격

려합시다.

5. 초대교회 선배님들은 어떻게 기도했을까?

- 지난 한 주 지성소의 원리대로 기도한 결과를 나눕시다.
- 초대교회 성도들의 기도와 현대 교회 성도들의 기도의 차이점은 무엇입니까?
- 핍박 속에서 초대교회 성도들이 리더들을 위해 기도한 내용은 무엇입니까?
- 그런 기도의 결과는 어떻게 나타났습니까?
- 이 한 주는 특별히 교회의 지도자와 리더십들을 위해 기도하는 계획을 세워 봅시다.

6. 누군가를 축복하는 기도

- 지난 한 주 지도자와 리더십을 위해 기도했을 때 주신 마음과 결과를 나눕시다.
- 6장을 통해 새롭게 알게 된 '축복'의 열매는 무엇입니까?
- 자녀와 부모님, 가족을 위한 축복의 시간이 있었는지 나눕시다. 부족했다면 어떻게 시작할지 결단해 봅시다.
- 이 한 주는 매일 출근하거나 등교하는 배우자와 자녀를 위해 1분간 축복하는 기도를 하기로 결단하고 다음주에 결과를 나

눕시다.

7. 하나님이 감동하시는 기도

- 지난 한 주 가족을 매일 1분 축복기도한 결과를 나눕니다.
- 솔로몬의 기도는 어떤 점에서 특별했습니까?
- 기도는 테크닉과 시간, 기술이 아니라 마음이라는 말씀을 어떻게 생각하십니까?
- 나의 기도는 나만의 필요를 나열하는 것입니까, 하나님을 감동시킬 만한 요소를 담고 있습니까?
- 이 한 주는 하나님을 사랑하는 마음만을 담아 하나님과 하나님의 뜻만을 구하는 기도를 결단해 봅시다.

8. 성령님을 구하는 기도

- 지난 한 주, 내 요구사항을 배제하고 하나님만을 구한 기도의 결과는 무엇입니까?
- 당신은 성령의 충만을 무엇이라 정의하시겠습니까?
- 제자들이 성령의 충만을 받기 위해 자신을 구별하며 기도한 방법은 무엇입니까?
- 이 한 주는 특별히 성령님과의 인격적인 만남이 없는 분들을 위해 시간을 정하고 서로를 위해 기도합시다.

9. 용서하는 기도의 능력

- 지난 한 주 성령의 충만을 위해 기도한 결과는 무엇입니까?
- 기도할 때 용서가 선행되어야 하는 이유들은 무엇입니까?
- 예수님이 인류를 용서하시고 돌아가실 때 세상에는 어떤 일 이 일어났습니까?
- 우리는 있는 모습 그대로 주님께 용납되기를, 사랑받기를 원 합니다. 남에 대해 그렇지 못한 점을 고백하며 용납을 결단해 봅시다.
- 이 한 주는 특별히 용서하지 못했던 분들을 '축복'하는 기도를 결단해 봅시다.

10. 찬양과 감사하는 기도의 능력

- 지난 한 주 용서와 축복의 기도를 드렸습니다. 그 결과를 나 눕시다.
- 자녀를 키울 때 가장 행복한 때를 기억해 보시고 나눠 보시기 바랍니다.
- 찬양과 감사가 가져오는 성경적인 기적들은 무엇입니까?
- 이 한 주는 매일 감사의 일기를 쓰는 것으로 기도를 마무리하 기로 결단합시다.

11. 위기를 대비하는 기도

- 지난 한 주 감사의 일기와 기도의 결과를 나눕시다.
- 기도를 하든, 기도를 하지 않든 인생의 문제는 찾아옵니다. 기도를 쉬지 않을 때 얻는 다른 결론은 무엇입니까?
- 내 인생에서 기도함으로 문제가 감사의 제목이 된 일이 있다면 간증해 주십시오.
- 이 한 주는 당신의 기도의 창구를 어떻게 풍성하게 채울지 결단해 봅시다.

12. 만남을 위한 기도의 중요성

- 지난 한 주 기도의 수위를 어떻게 높일 수 있었는지 나눕시다.
- '기도할 때만 만날 수 있는 사람이 있다'라는 말을 어떻게 생각하십니까?
- 인생에 있어서 동역자와 배우자와 만남은 정말 중요합니다. 12장에 소개되는 좋은 만남의 예는 무엇입니까?
- 이 한 주는 자녀들의 만남을 위해 축복하며 기도합시다.

13. 집중과 기다림의 기도원리

- 지금까지 여러가지 원리를 적용하며 기도의 폭을 넓혀왔습니다. 지금까지 깨달음과 간증을 나누십시오.

- 하나님이 아브라함에게 약속하신 것을 주시는 마지막 1년에는 어떤 일이 있었습니까?
- 각자 하나님께서 왕년에 주신 약속은 무엇인지 나눕시다.
- 비행기가 이륙하는 양력의 원리를 기도에 어떻게 적용하시겠습니까?
- 이 한 주는 집중도를 높이고 시간을 늘이는 기도의 훈련을 힘써 봅시다.

14. 서원을 기억하는 기도
- 한 주간 집중적인 기도훈련의 결과를 나눕시다.
- 간절한 상황에서 하나님께 약속드린 것들이 있었다면 나눕시다.
- 하나님은 어떻게 그런 상황에서 당신을 건지셨나요?
- 야곱의 '일어나 벧엘로 올라가자'는 결단은 어떤 감동을 줍니까?
- 많은 어려움을 통과한 다윗의 고백은 왜 감동을 줍니까?
- 이 한 주간은 하나님과의 관계 속에서 내가 잊어버린 감사와 서원의 제목을 회복하길 기도합시다.

15. 구체적인 계획을 세우는 기도
- 지난주 감사와 서원의 회복에 관한 간증을 나눕시다.

- '바보는 목표를 정하기만 한다'는 말을 어떻게 생각하십니까?
- 느헤미야는 준비된 지도자였습니다. 그는 어떻게 하나님의 응답을 준비했습니까?
- 각자 종이를 꺼내어 10년의 계획, 그것을 준비하기 위한 5년의 계획, 그것을 이루기 위한 1년의 준비계획을 적어 봅시다.
- 서로의 계획을 축복하며 하나님께서 넘치도록 복 주시길 서로 기도합시다.

기도교실

ⓒ 정기정, 2022

초판 1쇄 발행 2022년 10월 24일

지은이   정기정
펴낸이   이기봉
편집   좋은땅 편집팀
펴낸곳   도서출판 좋은땅
주소   서울특별시 마포구 양화로12길 26 지월드빌딩 (서교동 395-7)
전화   02)374-8616~7
팩스   02)374-8614
이메일   gworldbook@naver.com
홈페이지   www.g-world.co.kr

ISBN   979-11-388-1318-1 (03230)